Juliette Katz

Juliette Katz voit le jour en 1988. Plus connue sous le pseudo Coucou les girls, elle débute dans la musique comme chanteuse. Passionnée dès l'enfance, elle signe son premier album *Tout va de travers*, à 22 ans chez Universal. Véritable artiste, la jeune femme est aussi dotée d'un sacré sens de l'humour. Elle lance en 2016 sa chaîne YouTube, Coucou les girls. Sa capacité à faire rire lui permet d'aborder des sujets de société. La parodie est son arme fatale. On la voit en 2019 dans une fiction sur France 2, *Moi, grosse*, un film qui évoque la grossophobie. En mai 2019, elle continue de nourrir sa réflexion sur l'acceptation de soi et la bienveillance en publiant *T'es bonne, bébé !*, aux éditions First.

T'ES BONNE BÉBÉ !

Juliette Katz

Illustrations d'Alexia Allet

T'ES BONNE BÉBÉ !

FIRST
ÉDITIONS

MIXTE
Papier issu de sources responsables
FSC™ C003309
www.fsc.org

Pocket, une marque d'Univers Poche, est un éditeur qui s'engage pour la préservation de l'environnement et qui utilise du papier fabriqué à partir de bois provenant de forêts gérées de manière responsable.

Conception graphique et mise en page : Joséphine Cormier
Photographies : Laurence Revol

Dépôt légal : mai 2020
ISBN : 978-2-266-31004-8

Sommaire

Introduction

Depuis mon enfance, j'ai toujours eu ce sentiment d'être moins bien que les autres. Ça se traduisait par une comparaison constante et un manque d'estime de moi très grand. Je voulais tellement plaire aux autres, plus qu'à moi-même, que j'en arrivais à perdre le peu d'amour-propre qui me restait. J'étais la mauvaise élève, non pas parce que l'école ne m'intéressait pas, mais parce que je voulais me faire remarquer par mes camarades, qui d'ailleurs n'étaient là que pour m'insulter. J'étais celle qui voulait faire et être comme les autres, pour être aimée et validée. Celle qui se faisait insulter mais qui serrait les dents en permanence. Celle qui se faisait baiser et qui cherchait à se sentir vivante dans le regard d'autrui. Celle qui jalousait l'intelligence, le corps et les amis des autres. Celle qui ne se considérait pas et qui se racontait des histoires pour tenter de donner un sens à tout ça. Celle qui trouvait des explications à tout pour amoindrir son mal-être. Celle qui ne voulait pas blesser et qui se murait dans son silence. Ou encore, celle qui a longtemps eu l'impression de passer à côté d'elle-même.

Aujourd'hui j'ai 30 ans, et ça fait cinq ans que je me suis rencontrée.

Avant je chantais, et il était impossible pour moi d'écrire le moindre mot de peur de mal faire ou de mal dire. Alors, je laissais ce travail à d'autres que j'estimais plus aptes à le faire que moi. Écrire un livre n'était donc, pour moi, pas gagné d'avance. D'ailleurs, je n'avais pas prévu de le faire, mais il a suffi d'un mot pour me faire changer d'avis : oser.

Alors, j'ai osé. J'ai osé arrêter de me foutre des barrières pour tout et n'importe quoi, et d'employer l'excuse « Je ne sais pas faire ». J'ai osé écrire ce livre, de A à Z, seule. Il n'est sans doute pas parfait, rempli de maladresses et parfois d'inexactitudes, mais je l'ai fait. Depuis quelques années, je me rapproche de moi petit à petit, et j'arrive doucement à comprendre et à ressentir ce que je suis, ce que je veux. Pourtant, il m'est toujours aussi difficile, et parfois même très douloureux, de me faire face dans l'honnêteté la plus profonde.

Ici, j'ai eu envie d'aborder ce sujet si complexe et plein qu'est l'amour de soi, en y partageant mes expériences, mes doutes, mes questionnements et mes conseils. Comme tu l'imagines, je ne suis pas coach en développement personnel, je ne suis pas psychothérapeute ni médecin. Je suis là, pour t'apporter ma vision des choses sur la difficulté d'« être ». À chaque chapitre, je commence par parler de moi et de mes expériences, c'est pour que tu comprennes que (moi aussi) je galère pas mal à être en paix avec moi.

Si tout ne te parle pas, ce n'est pas grave, prends ce qui t'intéresse, prends ce qui te parle.

Cher moi

S'ACCEPTER

Définition du dictionnaire : Supporter d'être ce que l'on est, avec ses défauts et ses qualités.

Ma définition : Prendre conscience de ce que je suis et choisir qui je deviens.

Il y a quelques années, j'ai signé dans un label de musique comme chanteuse. J'avais à mes côtés un manager, qui m'impressionnait beaucoup par sa culture, son expérience, sa notoriété, sa connaissance, son charisme... J'étais aveuglée par tout ça, ce qui me faisait croire que notre relation était équilibrée. Puis j'ai commencé à connaître un peu mieux le milieu, à créer des liens avec d'autres personnes. J'ai alors réalisé qu'il n'était plus tout à fait présent, qu'il défendait de moins en moins mes idées, qu'il allait à l'encontre de ce que je proposais. Ça ne sautait pas aux yeux, mais je sentais que la fluidité du début avait disparu. J'étais persuadée de me faire des idées, que ma vision était faussée, que ce n'était qu'une lubie. Mais rien ne s'arrangeait, c'était plutôt l'inverse...

Pendant plus de deux ans j'ai voulu mettre fin à notre collaboration, mais « je n'y arrivais pas ». Je pensais avoir besoin de lui, que tout serait plus dur. Blablabla... Finalement, après deux ans, j'ai pris la décision d'avancer seule. Non sans mal, mais je l'ai fait. Ça a été tellement douloureux ! Je m'étais barricadée dans des idées toutes faites, et il m'était difficile de m'en séparer.

Juste après notre rendez-vous, j'ai ressenti quelque chose que je n'avais jamais éprouvé. J'avais l'impression que quelque chose de nouveau naissait en moi. Un sentiment de liberté et de plénitude. À cet instant, j'ai enfin compris ce que signifiait « s'accepter ». J'ai compris que j'avais touché quelque chose en moi, j'ai découvert ce qu'était la sincérité, ma sincérité. Je m'étais approchée de moi, de mon instinct, de mes choix, et j'avais appris à m'écouter. Pour la première fois de ma vie j'étais en accord avec ce choix. Quelle sensation incroyable j'ai ressentie ! Comme si quelque chose était en train d'éclore. Peut-être était-ce simplement moi ?

À partir de ce moment-là, j'ai décidé de m'écouter. Pas d'écouter ma raison, mais d'écouter mon moi profond, mon instinct, mon centre, mon cœur, ma pulsion d'être ! Peut-être que l'acceptation de soi commence par là. Être à l'écoute de soi et être honnête.

ÊTRE tout court.

Attention, je n'ai pas dit que ma vie est devenue incroyablement géniale depuis. Je n'ai toujours pas gagné au Loto et ne saute pas en parachute tous les dimanches (en vrai, je ne dis pas non). Mais tout est devenu bien plus simple, parce que j'ai décidé d'être à mon écoute et non plus à l'écoute des autres qui me disent quoi faire, quoi choisir, ou comment faire.

Mon instinct est devenu mon meilleur pote. Parfois je ne l'écoute pas et je n'en fais qu'à ma tête, et parfois je m'engueule avec lui. Il a le droit de se tromper et de se casser la gueule. Mais, malgré tout, je lui fais confiance, parce qu'il est à sa place, à sa juste place.

J'ai également compris grâce à lui qu'il n'y a pas de bons ou mauvais choix. Il y a celui qui m'appartient et qui me parle. C'est tout. Mon choix ne naît qu'à partir du moment où j'ai décidé de l'accueillir, d'accepter mon ressenti profond, sans le juger et sans le repousser.

Par exemple, quand tu organises un dîner chez toi, et que ta pote Capucine vient avec une personne que tu ne connais pas, t'as le choix ! Soit de l'accueillir avec bienveillance en lui proposant de se joindre à vous. Soit de l'accueillir parce que ça te met mal à l'aise de refuser, alors qu'au fond t'en as pas vraiment envie. Soit de refuser pour x raisons.

Instinctivement, tu fais un choix. C'est déjà une façon d'accepter quelque chose de toi. Non ? Si tu as choisi de ne pas accepter la présence de son ami au dîner, il est possible que Capucine le prenne très mal, qu'elle soit gênée, toi aussi, qu'elle te le reproche, qu'elle t'en veuille, qu'elle te fasse la gueule, que tu regrettes.

Parfois, tu fais des choix qui ont des conséquences négatives sur toi et/ou sur les autres. Mais il me semble tout aussi important d'accepter ces difficultés. Ça peut paraître évident pour certains, plus compliqué pour d'autres, mais je crois que les reconnaître est l'une des clés de l'acceptation. En les acceptant, sans regret, tu fais un grand pas.

Et tu sais, ce n'est pas si compliqué d'accepter tes difficultés et tes erreurs, je crois qu'il faut puiser au plus profond de toi et te poser les questions suivantes : Qu'est-ce qui est le plus important pour moi ? Être honnête avec moi ? Ou préférer croire que j'ai raison ?

Il y a quelques années, j'ai fait un stage de développement personnel autour de l'amour de soi. Je posais beaucoup de questions et j'avais envie de participer à tous les exercices. Mais le coach ne semblait pas très réceptif à mon enthousiasme. Il était froid et distant, ce qui me dérangeait beaucoup parce que j'avais vraiment envie qu'il m'apprécie. Qu'il me valide surtout. J'ai essayé d'aller vers lui, de faire des blagues, de discuter... Mais rien n'y changeait ! Ça commençait à m'obséder et à me faire mal.

Vers la fin du stage, j'ai pris mon courage à deux mains et je suis allée le voir. Je lui ai demandé s'il avait un souci avec moi, il m'a dit que non. Je lui ai demandé pourquoi il ne m'aimait pas, il m'a répondu qu'il n'était pas là pour aimer (ce qui n'était pas tout à fait faux). Je lui ai demandé pourquoi il était distant, il m'a dit qu'il n'avait pas cette sensation. Ok... Je m'en vais et il me rattrape :

— Juliette, pourquoi t'es là ?

— Euh... Bah pour apprendre et me connaître davantage.

— Et c'est le cas ?

— Oui, je crois.

— T'es sûre ?

— Bah oui, j'ai l'impression !

— Ah... T'as l'impression ?

— Bon, tu veux en venir où là ?

— Tu le sais très bien, mais tu ne le fais pas. T'es complètement dans le paraître et non dans l'être. Quel intérêt de venir ici ?

— Bah... Pour mieux me connaître... ?

— Tu peux pas te connaître si tu ne lâches pas prise. T'es dans le contrôle de tout, dans la connaissance de tout mais t'es pas là. T'es pas en toi. Lâche et accepte, sinon ça marchera jamais.

Je suis restée bouche bée, statique. J'en ai encore les larmes aux yeux rien que d'y repenser... Il avait touché mon point sensible. Ces mots se répètent encore et encore en moi.

J'étais et je suis encore dans le contrôle. Et c'est ce qui me handicape le plus. Parfois, je lâche prise, je m'abandonne, je cesse de vouloir tout contrôler, tout diriger, et putain que c'est bon ! Que c'est bon d'être complètement soi, en pleine conscience et donc dans l'acceptation de soi la plus profonde. Alors tu dois te demander pourquoi je ne lâche pas prise plus souvent ? Parce que j'ai peur. Et là est le vrai problème, selon moi.

J'ai peur de me découvrir vraiment, d'affronter, de m'affronter. J'ai peur de me raconter des histoires et de découvrir que tout est faux. J'ai peur de penser que j'ai tort, de briller. J'ai peur d'aller jusqu'au bout de ce que je fais et de ce que je suis.

Parce que oui, je crois profondément qu'on a peur de s'accepter parce que c'est très difficile de renoncer. Du moins, d'accepter de renoncer. On se met des milliards de barrières, de croyances, de masques, pour se protéger de la réalité et pour se protéger des autres. On a tous un tas de raisons d'avoir peur, mais peut-être serait-il intéressant de se questionner. D'où viennent mes peurs ? Qu'est-ce qu'elles m'évoquent ? Pourquoi persistent-elles ? Qu'est-ce que je pourrais ressentir si elles disparaissaient ?

Tu ne peux pas tout régler d'un coup. Commence par te confronter à quelque chose que tu as envie de dépasser et d'accepter, même si cela s'avère tout petit. Fonce !

Évidemment, s'accepter ne veut pas dire être imbu de soi-même, et penser qu'on sait mieux que les autres. La remise en question est primordiale. Elle est là pour rééquilibrer les choses, les émotions, les actes... Sans elle, je trouve qu'on n'avance pas. C'est en se posant des questions et en réfléchissant à ses actes que l'acceptation s'installe.

À mes 18 ans, je suis devenue très amie avec une personne que j'adorais. On s'estimait beaucoup et on partageait énormément. Elle était un peu plus âgée que moi et ressentait le besoin de me couver comme une grande sœur. On se voyait presque tous les jours, mais malgré tout, je sentais que son besoin de me materner était trop présent. Elle m'achetait des choses, me présentait des gens... Tout ça partait d'une bonne intention, mais j'ai compris qu'elle le faisait pour elle, pour se valoriser, et non pour moi. Plus le temps passait, moins j'avais confiance en elle et moins je me confiais. Plus le temps passait, plus je sentais qu'elle me cachait des choses, qu'elle était moins elle.

J'ai décidé de m'éloigner, d'arrêter de répondre à ses appels, ses textos... Jusqu'au jour où je n'ai plus eu de ses nouvelles.

Je pensais être hyper en accord avec moi et avec ce choix, mais au bout de quelques mois, j'ai ressenti une sorte de mal-être en y repensant. J'ai mis du temps à comprendre pourquoi ça me gênait d'en parler et pourquoi je ressentais un truc pas très agréable quand j'y pensais.

J'ai donc accepté de me remettre en question en mettant mon ego de côté. Et puis j'ai compris. J'ai compris que je n'avais pas été honnête avec moi et avec elle. Cette rupture n'avait pas été franche puisque je l'avais faite en prenant la fuite et non en l'affrontant. J'ai préféré ne plus répondre à ses messages que de lui dire que je ne me retrouvais plus dans cette relation. Peut-être par peur de la blesser, de devoir assumer mes mots, ou tout simplement de regretter.

Six ans plus tard (oui, six ans !), j'ai décidé de l'appeler et de m'excuser d'avoir agi de la sorte, d'avoir pris la fuite. Je lui ai tout raconté : pourquoi je ne me retrouvais plus dans cette relation, pourquoi j'ai mis autant de temps à lui dire... À ce moment précis, ce qui m'importait le plus, c'était d'être dans le présent, d'être honnête avec moi, de me confronter à mes peurs et de les assumer. Elle a entendu, s'est excusée à son tour, et quand on a raccroché, j'étais soulagée. J'avais un poids en moins et je découvrais une nouvelle sensation. Comme si, à nouveau, quelque chose était en train de naître.

C'était assez étonnant... Au début, je ne savais pas trop ce que c'était, j'essayais de ne pas trop décrypter cette sensation, mais plutôt de l'accepter et de lui dire : « Welcome meuf ! »

Quelques mois après, j'étais dans la rue et j'entends quelqu'un, que je ne connais pas, dire à son ami : « J'en ai marre de me sous-estimer tout le temps. » Et là, ça a fait tilt ! J'ai fait le lien en deux secondes avec mon histoire. J'arrivais enfin à comprendre pourquoi j'avais ressenti cette nouvelle naissance en moi : j'avais approché l'estime de soi.

Moi,
sincérité,
estime,
Choisir, être,
conscience,
instinct.

Élodie Frégé

— 37 ANS —

Chanteuse

« Comment as- tu réussi à dépasser tes complexes et être en accord avec qui tu es ? »

Je fais partie des personnes à qui on ne cesse de répéter qu'elles n'ont pas « le droit » de douter d'elles-mêmes parce qu'elles ont « tout ». Or, les doutes, le manque de confiance et d'estime de soi et la fragilité ne sont pas réservés à un seul type d'être humain, c'est-à-dire ceux qui présentent, aux yeux de la société et de ses stéréotypes, des « défauts » ou aspects hors norme...

J'avoue qu'il m'est difficile d'accepter ce genre de réflexion (« Tu as tout pour toi, tu n'as pas le droit de douter ») qui prouve à quel point le monde est plongé dans une mer d'idées préconçues et d'idéaux culpabilisants. À vrai dire, même si j'avance de mieux en mieux sur le chemin de la rencontre avec l'acceptation de soi, je continue parfois de recevoir des signaux de la petite fille et adolescente que j'ai incarnée, et qui cultivait, non pas un, mais différents complexes.

Petite fille, je souffrais d'un très gros strabisme de l'œil gauche, et celui-ci ne m'a vraiment quittée qu'à la fin de l'adolescence après d'innombrables séances d'orthoptie... L'école peut se révéler être un grand traumatisme tant les enfants peuvent faire preuve de méchanceté. J'avais de grosses joues rouges, la peau translucide, des lunettes avec des caches afin de faire revenir mon œil à la bonne place, et une frange d'équidé coupée juste au-dessus des montures... Je ne peux pas compter le nombre de fois où mes camarades de classe m'ont appelée la « bigleuse », m'ont volé ou caché mes lunettes, ou encore, demandé si « c'était bien là que je regardais ». J'ai donc commencé à éviter le regard des autres, à baisser les yeux, ou encore à regarder de droite à gauche, comme un tic nerveux, pour éviter les questionnements et la gêne.

Quand j'ai participé à la Star Academy en 2003, alors que mon regard n'accusait qu'une « coquetterie » plutôt légère, on a recommencé à me parler de mon strabisme et de mes regards caméra pas assez « francs ». J'ai à nouveau ressenti de la gêne et de la colère...

Après cette expérience cathodique bouleversante, j'ai réalisé que j'avais dans les mains de quoi m'exprimer par l'écriture et la musique, ce que j'ai fait dès le premier album puis de manière plus poussée dans l'album *Le jeu des 7 erreurs*, réalisé par Benjamin Biolay.

La confiance en soi et la digestion des complexes de l'enfance et l'adolescence viennent lorsque l'on décide de se regarder en face et de se vivre pleinement, de suivre son instinct, d'assumer ses choix, ceux des tripes et du cœur ; et non ceux que la société peut faire pousser en nous pour tenter de nous faire rentrer dans une « norme » qui, en fin de compte, ne rendra pas chacun d'entre nous épanoui et vivant.

En choisissant de m'exprimer avec ma propre vibration, de créer avec passion, intégrité et sincérité... j'ai peu à peu cessé de fuir mon reflet et mon regard capricieux. J'ai ouvert les yeux bien grands, œil gauche toujours légèrement attiré par l'arête de mon nez, et j'ai compris que cette coquetterie serait l'une de mes marques de fabrique, tout comme mes chansons et mon style, qui étaient essentiels à ma personnalité.

Il est difficile de renverser la tendance, j'ai d'autres complexes et je travaille dessus depuis longtemps afin de leur donner la chance, à eux aussi, de devenir les aspérités d'une personnalité unique et forte.

Je crois que les complexes sont liés aux stéréotypes que véhiculent certaines personnes de notre entourage, des personnes qui bâtissent notre point de vue (famille/école/activités extrascolaires...). Elles nous envoient des signaux négatifs pendant l'enfance et l'adolescence (trop ceci, trop cela, pas assez ceci, moins bien que, anormal...) par souci de coller au modèle de base fabriqué par la société (de consommation).

On a créé ces « repères » afin que les gens se rassurent et surtout... consomment. Mais la vraie beauté n'est pas là, elle est dans l'énergie qu'on met à se sentir harmonieux à l'intérieur de soi, vivant, complet, actif, et libre.

Le danger, c'est que les chocs, dans un moment crucial de la vie d'un enfant ou d'un jeune adulte, peuvent fragiliser sa structure émotionnelle et faire de lui une proie pour ce genre de névroses liées à l'enveloppe corporelle. Ça a été mon cas, non seulement avec le strabisme dont je souffrais, mais plus tard, lorsque l'on me parlait de la couleur de ma peau (quasi transparente, incolore, et j'en passe), de la forme de mes jambes, de la corpulence de mes cuisses...

Se rencontrer, et apprendre à reconnaître que nos complexes sont comme un miroir déformant fabriqué par le monde dans lequel nous évoluons, est le plus grand des challenges, mais aussi le plus merveilleux. Je crois comprendre qu'on est libre et que l'on s'approche de ce qu'on nomme « la beauté », à partir du moment où l'on se rencontre et se vit sans peur.

mon
instinct
est mon
meilleur pote

Et toi, alors ?

♥ *Sur une échelle de 1 à 10, à combien t'estimes-tu ?*

6/10

♥ *Selon toi, par quoi passe l'acceptation de soi ?*

Parler sans peur du jugement
Faire ce que je sens, comme je le
sens, sans contraintes des règles

♥ *Quels sont les derniers choix que tu as pris et qui sont complètement en accord avec toi-même ?*

M'arrêter de travailler
Refuser une invitation
Me mettre en état dut maman

Quand t'es-tu senti libre pour la dernière fois ?
Et pour quelle raison ?

Quelles sont tes principales peurs ?

Jugement des autres
Déception des autres
Être "mauvaise" en terme de niveau

Sur une échelle de 1 à 10, à combien penses-tu pouvoir les affronter ?

7/10

♥ *Te sens-tu capable aujourd'hui d'être à l'écoute de ton instinct ? Pourquoi ?*

Plus
Car le monde ne va pas s'écrouler
car je ne vais pas perdre perdre l'♡
de mes proches si je suis moi

♥ *Penses-tu accepter les autres autant que tu t'acceptes toi ? Pourquoi ?*

Je le pense oui.
J'essaie de ne pas juger

♥ ***Qu'est-ce qui te handicape le plus aujourd'hui dans ta vie ?***

La peur de déplaire
de décevoir

♥ ***Comment penses-tu pouvoir régler ce(s) handicap(s) ?***

En mettant en action et
en obtenant de petits résultats
petit à petit

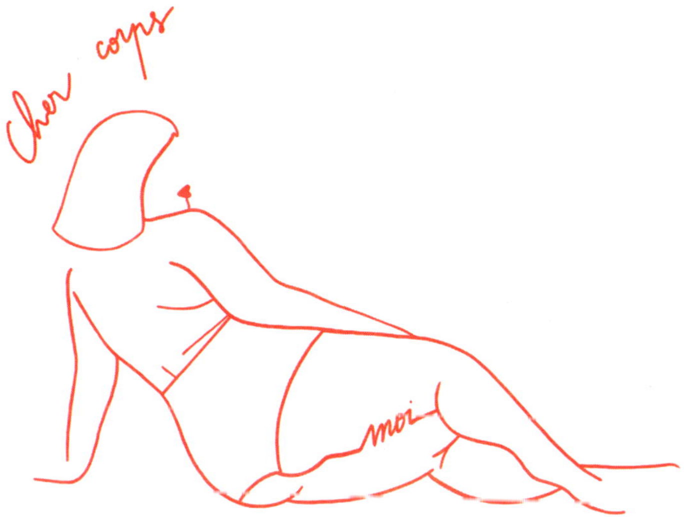
Cher corps
moi

Découvrir son corps

LE CORPS HUMAIN

Définition du dictionnaire : Physique d'un homme ou d'une femme. En d'autres termes, il s'agit de sa structure anthropologique. Le corps humain regroupe la tête, les membres inférieurs, supérieurs et le tronc.

Ma définition : Enveloppe qui représente qui je suis. C'est ma maison.

J'ai toujours porté un regard très dur sur mon corps. J'ai l'impression d'avoir été en conflit avec lui et de ne jamais lui avoir donné sa place, voire sa chance de s'exprimer, puisque mon corps ne m'appartenait pas.

Depuis que je suis petite, on me dit quoi manger ou ne pas manger, quoi porter comme fringues, comment se tenir, qu'il faut être mince et pas grosse, comment vivre avec le regard de l'autre, les critiques et les insultes.

Je suis habituée aux régimes, je les connais presque tous d'ailleurs... Je suis habituée aux fouilles de ma mère dans mon sac pour voir si je n'y cachais pas de bonbons ou autres sucreries, aux réflexions de mon père quand je demandais un dessert après un repas, aux regards qui en disent long de ma mère, à ses « T'es tellement belle, c'est dommage que tu sois comme ça », aux « C'est normal que tu sois célibataire, c'est parce que t'es grosse » de mon frère. C'est très difficile de grandir et vivre avec un corps sans y poser un regard objectif et bienveillant.

J'ai d'ailleurs moi-même participé à sa « destruction » puisque j'acquiesçais à tout ça, du moins je le subissais.

À mes 13 ans, je suis restée huit mois dans un centre d'amaigrissement, et j'y ai perdu 20 kilos. Je pensais que les choses allaient être plus simples pour moi et que mon corps allait enfin devenir mon allié. Mais j'avais du mal à percevoir cette nouvelle enveloppe corporelle, j'avais toujours l'impression d'être « la grosse ».

J'étais bien plus mince qu'avant et avais une apparence « normale », comme on dit. Quand je suis retournée dans mon collège à Paris, ces garçons qui m'avaient insultée voulaient tous sortir avec moi. Ça m'a foutu une énorme claque ! Jamais je n'aurais cru que le physique prenne une place si importante. Car après tout, mon corps était le même, il avait juste perdu en épaisseur. Ni plus ni moins.

Je crois qu'à partir de ce moment-là, j'ai pris conscience de mon corps, sans pour autant l'aimer, mais j'ai commencé à le regarder. Non pas parce qu'il était mince, il ne l'est pas resté très longtemps d'ailleurs, mais à cause des (ou grâce aux) réactions de ces jeunes garçons.

Pendant toute mon adolescence j'ai voulu être physiquement comme les autres, pour que l'on m'accepte et surtout que l'on arrête de m'insulter sous prétexte que mon apparence ne rentrait pas dans leurs critères. J'ai voulu faire de ce corps une norme.

Et le problème dans tout ça, c'est que j'ai très longtemps différencié corps et esprit, parce que je ne voulais pas m'identifier à ce physique qu'on jugeait tant : ce corps qui semblait ne pas être assez mince pour certains ou trop gros pour d'autres. Alors j'ai accepté, presque toute ma jeune vie, d'être sous-estimée, utilisée, baisée, souillée, insultée, jugée... Je pensais ne mériter que ça.

J'ai continué les régimes : entre soupe aux choux, régime Ducan, rééquilibrage alimentaire, cures d'amaigrissement... J'ai presque tout fait ! Et pourtant, même quand j'étais beaucoup plus mince, le problème persistait. Plus le temps passait, plus je voulais me confronter à mon propre regard, sans avis extérieur, sans ces petites phrases assassines qui trottaient dans ma tête. Alors je me regardais nue dans le miroir et j'analysais mon corps : mes failles, mes forces, mes formes, mes vergetures, ma cellulite, mes bourrelets, mes fesses plates, mes seins qui tombent, mes mains boudinées, mes cicatrices... Je voyais enfin ce que je lui avais fait subir.

J'ai vu combien il est difficile de se faire face, et de toute évidence, je n'avais que deux choix : l'ignorer et le maltraiter, ou le voir et l'accepter. Je venais de passer de longues années à transformer mon corps pour répondre aux désirs des autres et ça ne m'a pas beaucoup aidée puisque je ne m'y suis pas trouvée. J'ai essayé de me voir et de m'accepter, et je dis bien « essayer » parce que putain, ça n'a pas été de tout repos. J'oscillais entre dégoût et rejet, découverte et amour.

Pendant plus de huit ans, j'ai été la maîtresse, celle de ces hommes que je trouvais beaux et à qui je plaisais. Ils étaient mes objectifs, je ne les lâchais plus. J'estimais que j'avais de la chance qu'ils s'intéressent à moi, à mon physique, à mon corps. J'ai tout misé dessus, en me disant qu'une fois mon enveloppe corporelle appréciée, ils apprécieraient le reste.

Aujourd'hui je suis consciente que j'étais dans le déni le plus total. Je me marchais dessus et acceptais que l'autre fasse pareil, car je n'avais connu que ça : le jugement. Mais j'y reviendrai plus tard.

Maintenant, parfois difficilement, je m'approche de moi et, petit à petit, je commence à me voir telle que je suis. Le regard de l'autre n'a pas changé, mais le mien oui.

J'ai eu une relation avec un homme que je ne trouvais pas spécialement beau, mais ça m'intriguait, justement pour cette raison. La première fois que j'ai été chez lui, je me demandais franchement ce que je foutais là. J'étais un peu gênée, ne sachant pas trop si je devais rester ou partir, ne comprenant pas pourquoi j'avais ce besoin de plaire même à quelqu'un qui ne me plaisait pas...

Mais j'étais là. Curieuse.

Il s'approche pour m'embrasser, me caresser, me faire l'amour. Je l'ai laissé faire, me suis laissé emporter et j'ai senti, pour la première fois de ma vie, un acte rempli de

*un corps
ne
ment
pas.*

Qu'en est-il du regard que l'on porte sur lui ?

tendresse et de partage. J'avais la sensation que l'autre s'intéressait réellement à mon corps, au plaisir qu'il voulait me donner, et non à son besoin de se vider les couilles comme les hommes que j'avais connus jusque-là. C'était si fort, au-delà de la beauté physique, tellement plus qu'un coup de queue.

La situation s'était inversée, je ne m'étais pas intéressée à un homme pour son physique mais pour son toucher. Je l'ai vu, souvent, longtemps, pour comprendre et surtout découvrir ce que je ne connaissais pas encore.

La notion de la beauté était en train de prendre tout son sens. Les formes de mon corps et mon poids n'étaient plus au centre de mes craintes et de mes réflexions puisque j'étais en train de recevoir et non de subir. Je découvrais la beauté de l'être, la beauté d'un moment, d'un partage, d'un regard…

Jusqu'alors, j'avais eu besoin qu'un homme que j'estimais physiquement pose son regard sur moi, pour me rassurer, me dire que mon corps est désirable malgré tout.

Que JE suis désirable dans mon entièreté.

J'étais en train de découvrir mon corps, au sens propre du terme, et déconstruisais toutes les images que l'on m'avait imposées parce que ça ne sonnait plus juste.

Je découvrais les défauts de ce corps « anormal », mais aussi ma belle bouche, mon regard souriant, ma peau douce, mon rire communicatif, ma taille marquée, mon odeur…

On ne m'a jamais appris à me regarder vraiment, me regarder telle que je suis, sans me comparer avec autrui, sans narcissisme, sans les « il faut », « tu dois ». J'ai décidé de le faire, pour moi. Petit à petit, j'ai ouvert les yeux sur la beauté qui se trouve là où elle veut bien se trouver.

Écouter la nature, interpréter une œuvre, ressentir une musique, jouir lors d'une danse, échanger, être là, dans le présent, sans être sur soi… Tout ça me nourrit si fort et participe peut-être inconsciemment ou sciemment, je m'en fous, à ma beauté et à ma liberté.

Je ne m'oublie pas. Juste parfois, souvent d'ailleurs, j'ai besoin de ne plus me regarder, de ne plus être « sur » moi. Il n'est pas question de me délaisser ou de dénigrer mon corps, mais de se nourrir d'autres choses que du regard que l'on se porte.

La beauté est tellement subjective, il n'y a que toi qui peux savoir comment tu te sens et comment tu te trouves…

Abandonner les exigences des autres, se délester des croyances qu'on nous impose, se séparer de l'avis physique qu'on a sur nous, n'est bien sûr pas évident, mais est-ce que tu préfères être bien vu ou bien voir ?

Mon corps est peut-être parfait pour certains et très moche pour d'autres, mais tu veux que je te dise, je m'en fous ! L'avis des autres sur mon physique ne m'impacte plus. Je sais tout à fait comment est mon corps, je n'ai pas besoin de l'autre pour me rappeler que je suis comme ci ou comme ça, et de toute façon ça ne me sert à rien. Depuis toujours on laisse les gens donner leurs avis sur notre corps, mais pourquoi ? Est-ce que ça nous aide à mieux nous aimer ? À mieux nous considérer ? À savoir si c'est « bien ou pas » que notre physique soit comme ci ou comme ça ? En donnant une place au jugement de l'autre, nous-mêmes on s'y perd.

Depuis que j'ai décidé de ne plus subir et d'accepter ces regards malveillants sur moi, j'ai la sensation de me réapproprier mon corps en étant la plus transparente possible. Je n'aime pas tout dans mon physique, je préfère certaines parties de mon corps à d'autres, mais cet avis est le mien, et ne regarde personne. Et si j'ai envie de maigrir, de grossir, de me muscler… ça ne regarde que moi.

En parlant de maigrir, je pense qu'il est important de te raconter ce qui va suivre (ça me coûte beaucoup de me l'avouer).

Au-delà de tout ce que je t'ai dit, mon rapport à mon corps est encore très instable et incertain. Bien que j'aie compris pourquoi j'ai longtemps traité mon corps de cette manière, finalement, je continue de le maltraiter.

En écrivant ce livre, j'ouvre les yeux sur certaines de mes souffrances, et je réalise qu'il m'est très dur de me séparer de mon poids.

J'ai toujours été ronde ou grosse, je me suis rarement connue autrement. Ça m'effraie d'être plus mince, pourtant j'en ai tellement envie. Il ne s'agit pas de flemmardise ou de simplement manger moins, ce serait super que cela ne se réduise qu'à ça...

J'ai vraiment peur de me séparer de cette identité que je me suis créée. Être mince et se voir mince est quelque chose que je ne connais pas, donc je me conforte dans ce corps rond et épais qui me déplaît.

Il faut, parfois, un effort surhumain pour se dépasser et sortir de cette zone de confort pourtant si inconfortable.

Alors je me cache derrière des phrases telles que : « Je suis pas si mal comme ça, en fait », « Les gens me disent que je suis bien comme ça, ils ont sûrement raison », « Au moins ça me différencie des autres ! »... Oui mais non... Ça suffit de penser comme ça !

Être grosse n'est pas une identité ni ce qui nous caractérise.

Notre poids, la couleur de cheveux que l'on choisit, les vêtements que l'on porte... c'est ce qui nous (re)présente mais ce n'est pas ce qui nous définit.

Alors, qu'est-ce que je gagne à rester en surpoids ?

Aujourd'hui j'ai 30 ans, j'ai fait 30 000 régimes, 30 000 psychanalyses, 30 000 « yo-yo », et je ne suis toujours pas en accord avec mon corps et mon apparence. Je galère toujours autant à m'aimer et à me considérer dans mon entièreté. Mon corps, je l'ai poussé à bout, je l'ai maltraité, mutilé, violé, jugé, insulté, parce que je croyais être plus forte que lui et pensais pouvoir l'affronter.

J'entends souvent qu'il est courageux de s'accepter, de se séparer du regard et du jugement des autres. C'est vrai. Mais une fois que l'on a réussi, comment fait-on pour se débarrasser de son propre jugement ? J'y travaille...

À 30 ans, je n'ai jamais pesé aussi lourd que maintenant et pourtant je me sens au plus près de moi, très consciente de ce par quoi je suis passée et de ce que je veux pour mon avenir à la fois corporel et mental.

Je peux le dire : « grosse » n'est pas mon identité.

Mon corps m'appartient
Il me représente
mais il ne me définit pas

Juliette Lespinard

— 27 ANS —

Directrice artistique

« Dans ton passé, quelle a été ta relation avec ton corps ? Qu'en est-il aujourd'hui ? »

J'ai eu l'immense chance d'avoir une enfance vraiment heureuse – privilégiée, même – pleine de joie, de rires et d'amour. De la petite enfance à mes 10 ans, le rapport que j'avais avec mon corps était inexistant, puisque je n'avais pas conscience de mon apparence physique. Je m'en fichais complètement, j'étais bien comme j'étais et la vie était belle.

Les choses se sont compliquées à l'arrivée de la préadolescence car j'ai vécu quelques événements qui ont chamboulé ma petite existence. Sans compter la méchanceté de mes nouveaux camarades, des commentaires sur mon apparence... autant de choses qui ont commencé à mettre en lumière des « défauts physiques » auxquels je n'avais jamais pensé. Comme j'étais une enfant sans « problème », je n'ai pas su trouver le courage d'en parler à mes parents, par peur de leur créer des soucis. Mais toute détresse demande à être extériorisée : l'année de ma 6e, la nourriture a dépassé son rôle utilitaire pour devenir mon exutoire. Ce fut le début d'une longue relation avec l'hyperphagie boulimique (des crises de boulimie sans régurgitation).

Pendant les années qui ont suivi, mon corps a changé (vive la puberté !) – ce qui était déjà difficile à gérer – mais aussi parce que je faisais des « crises » quotidiennes. Au début, cela ne se voyait pas tellement car je faisais sept heures de sport par semaine. Mais quand je me suis blessée au genou, j'ai été contrainte de ralentir la cadence, et la prise de poids a été fulgurante et indéniable. J'ai commencé à me détester, je me trouvais répugnante. Énorme et difforme. J'avais envie de mourir. Je me pensais indésirable, aux yeux de la société, des autres, et surtout des miens.

Durant l'adolescence, je n'ai jamais entendu parler de troubles alimentaires et les innombrables médecins nutritionnistes consultés ne m'ont jamais diagnostiquée. Il a fallu que ma mère, inquiète, m'envoie par mail un article d'un site médical pour que je prenne conscience du fait que j'avais un problème et qu'il avait un nom. Le diagnostic fut confirmé bien plus tard par un médecin spécialisé. Je détestais mon corps, cette enveloppe grasse que je ne regardais même plus dans le miroir... Puis, j'ai également fini par me détester, moi. En détruisant petit à petit mon amour-propre, j'ai pris des décisions terribles en pensant inconsciemment que, de toute façon, je ne méritais pas mieux.

À 18 ans, je suis sortie avec un véritable pervers narcissique. Avec du recul, je sais que j'ai accepté de sortir avec lui parce que c'était la première fois que je me sentais désirée physiquement. S'est ensuivie une relation toxique de trois ans et demi où, entre coups de poing et coups au moral, le peu de confiance en moi qu'il me restait s'est envolé en fumée. Pour l'anecdote, il m'appelait « baleineau ».

Par culpabilité et par détresse, je me suis punie en maltraitant mon corps : je l'ai abîmé en l'obligeant à consommer des quantités de nourriture astronomiques que je refusais de régurgiter, pour que ma douleur psychologique concorde avec ma douleur physique.

Miraculeusement, j'ai trouvé la force de quitter le monstre avec qui je partageais ma vie... pour me sauver la vie. Mais, une fois le sentiment de soulagement passé, je suis longtemps restée comme une coquille vide.

Je ne savais plus qui j'étais. C'est un peu bête, mais le maquillage (que j'appréciais juste comme ça, auparavant) m'a aidée à remettre le pied à l'étrier. J'ai fini par regarder mon visage dans le miroir, mais toujours pas mon corps.

Quand les dégâts psychologiques sont importants, arranger son apparence ne suffit pas à guérir en profondeur. Les crises de boulimie étaient encore là, mon poids augmentait encore et toujours sur la balance… Quant à mon moral, il fluctuait entre « joie hystérique » et « dépression infernale », tel un ascenseur qui ne s'arrêterait jamais aux étages intermédiaires.

Par le plus grand des hasards, j'ai fini par rencontrer un homme aimant, tendre, patient et drôle. Il a changé ma vie. Après trois merveilleuses années ensemble, il m'a demandé de l'épouser et j'ai dit « oui », évidemment. Pour moi, pour lui et pour notre future famille, j'ai pris la décision d'aller voir une thérapeute qui m'aiderait à enfin laisser mon bagage derrière moi. Cela fait quelques mois que je la vois régulièrement, et c'est le plus beau cadeau que j'ai pu me faire.

Aujourd'hui, je « vois » enfin mon corps. Je le contemple à nouveau dans le miroir, avec ses défauts et ses qualités, sans jamais détourner le regard. Tout n'est pas rose ni parfait, mais c'est la première fois depuis des années que je m'accepte, que je me dis que j'ai l'air belle, et que l'on peut me trouver belle comme je suis. Je ne suis pas guérie, loin de là, mais j'ai pris conscience de l'indéniable corrélation entre bien-être mental et l'apparence physique. Je pense que je peux, enfin, dire sincèrement : « Je m'aime. Et f**ck la balance. »

Et toi, alors ?

♥ ***Quelle relation as-tu avec ton corps ?***

Coup ci coup ça

♥ ***Qu'aimes-tu dans ton corps ?***

Mes cheveux, mes yeux, mes tâches de rousseur, mes lèvres, mon sourire, mes seins, ma peau

♥ ***Et, qu'est-ce que tu n'aimes pas ?***

Mes cuisses, mon menton, mon ventre, mes mollets, ma peau adipeuse, mes capitons :)

Penses-tu pouvoir changer ces choses que tu n'aimes pas ? Si oui, comment ?

Oui, en travaillant sur moi pour m'attarder sur ce que j'aime et non plus sur ce que j'aime moins

Qu'est-ce que signifie « la beauté » à tes yeux ?

l'ouverture, la liberté d'être, la gentillesse, l'humour, la sincérité, le charme, un beau sourire, un regard franc et profond, des gestes sûrs et délicats

Quelle est ta définition du corps ?

Il est petit et charnu, généreux, confortable, désirable et mignon

♥ *Te compares-tu physiquement à d'autres personnes ?*
Si oui, dans quel but ?

Oui. Je ne sais pas c'est stérile.
Pour regarder ce qu'elles ont de
joli sur ce que je considère avoir
de moins joli

♥ *Penses-tu que ton corps est en accord avec ton esprit ?*
Pourquoi ?

Oui sur le fait de prendre soin de moi
de respecter mon rythme et mon besoin
de profondeur, de lenteur, de douceur
Mais dans le fait de lui refuser
des plaisirs ou des prises de risque
et aussi dans le fait de le surcharger

♥ *Écris trois phrases bienveillantes à l'égard de ton corps :*

Mon corps est féminin & désirable
Mon corps est petit et confortable
Mon corps est généreux

Cher toi

LE REGARD DES AUTRES

Définition du dictionnaire : Action de regarder quelqu'un d'opposé à soi.

Ma définition : Qui met en exergue nos propres peurs.

Quand j'étais en 6e, j'avais un petit copain qui était en 4e, un « grand » comme on dit. C'était la récréation et j'étais sur ses genoux quand la sonnerie a retenti. Je me suis levée pour me diriger vers ma classe et tous les lycéens se sont moqués de moi en criant : « Hey ! Regardez, la grosse vache a ses règles ! » Oui, je venais d'avoir mes règles pour la première fois de ma vie et je portais un pantalon gris stretch.

En voyant toutes ces grandes personnes me pointer du doigt, je suis partie me réfugier aux toilettes pour trouver un stratagème et faire disparaître la tache de sang, et surtout pour pleurer (évidemment).

Ma sensation de honte et moi-même sommes restées une bonne demi-heure dans les toilettes avant d'en ressortir et d'affronter le regard des autres.

C'était si violent que je m'étais jurée que je ne me retrouverais plus jamais dans une pareille situation, et je crois que c'est à ce moment-là que j'ai commencé à vouloir plaire aux gens, à faire comme eux. Leurs regards devenaient très importants. Je ne voulais plus être la tache (sans jeu de mots pourri).

Pendant toute ma période au collège, se sont enchaînés un bon nombre d'exemples qui illustrent le besoin que j'avais d'être validée par l'autre. Le manque de confiance en moi était tel, que j'allais jusqu'à offrir des Snickers ou des Mars à des gens pour qu'on m'aime, à fumer des joints avec d'autres pour faire partie de leur « bande », à me maquiller et m'habiller comme certaines et à parler comme d'autres...

Toujours en 6e, j'étais partie faire du shopping avec une copine du collège. Une nana qui n'était pas du style à faire les choses pour plaire aux gens mais plutôt pour déplaire, comme une petite révoltée de 12 ans.

On était dans un magasin et d'un coup, de but en blanc, elle me dit : « Vole cette bague, sinon je dis à tout le monde que t'as sucé Maxime ! » J'étais tellement scotchée ! Je ne comprenais pas trop pourquoi elle me demandait de faire ça, mais je me suis exécutée.

J'étais comme poussée à le faire, parce que je n'avais pas envie qu'elle dise à tout le monde que j'avais sucé Maxime, et que je me retrouve encore une fois la source de moqueries de toute l'école. Et parce que je ne voulais pas la décevoir et continuer de rester sa copine. Dans tous les cas, je l'ai fait et je n'étais pas très fière de moi.

Me voilà donc adolescente, avec comme principal intérêt : être comme tout le monde. Oui, ce qui m'importait le plus, c'était d'être aimée, validée, acceptée par l'autre. Quel qu'il soit d'ailleurs.

Il y avait un étrange mélange entre vouloir plaire aux gens et me chercher à travers eux. N'ayant connu que le jugement et les insultes, je pensais qu'il fallait passer par là pour que l'on m'aime et qu'on arrête de me pointer du doigt.

Je me suis retrouvée dans des situations qui ne m'allaient pas, où je n'étais pas très à l'aise, mais j'avais l'impression d'appartenir à un groupe, et donc de ne plus être « atteignable ».

Faire partie d'une bande était pour moi une échappatoire et un vrai refuge. Une manière peut-être de m'échapper de moi-même (?).

Alors je suis devenue celle qui se faisait remarquer par ses conneries pour détourner l'attention de mon surpoids afin qu'il passe inaperçu.

La forme avait changé mais le fond restait le même : je voulais qu'on m'aime.

J'ai tout essayé, je cherchais par tous les moyens d'être acceptée dans le regard et dans la parole de l'autre, jusqu'à m'oublier. Je voulais me faire passer pour celle qui était ouverte d'esprit avec une attitude cool, et comme tout le monde.

Je changeais de style vestimentaire très souvent pour ainsi ressembler à ces personnes. Une manière, pour moi, de me rapprocher d'elles. Ça donnait un tout un peu brouillon, et bien sûr, ça ne me rendait pas plus heureuse mais j'avais l'impression d'exister.

Je crois que c'est aussi ça l'adolescence : se chercher et découvrir qui l'on est, et souvent, on pense que ça va se faire à travers les autres.

Le vrai problème est qu'on nous a habitués à nous comparer aux autres et à donner de l'importance à leurs regards, et ce dès l'enfance.

Des professeurs aux parents, en passant par nos copains de classe, on nous impose des : « Oh la honte, t'as des boutons ! », « Arrête de faire ça, ça dérange les autres », « Non, tu peux pas t'habiller comme ça, tu vas te faire remarquer », « Tu vas sortir maquillée comme ça ? »

Va te construire avec ce genre de phrases et te démerder avec le regard constant des autres, vas-y et galère bien !

Tout le monde y va de son petit avis, de son petit jugement, de son petit conseil, sans jamais (ou que trop rarement) te laisser la place pour apprendre à te découvrir TOI.

Pourquoi y accordons-nous autant d'importance ?

Je pense qu'il y a une vraie nuance entre le regard de l'autre et le jugement de l'autre. Ce sont deux faits rapprochés mais qui ne parlent pas tout à fait de la même chose, et il y a souvent une confusion à ce propos.

Le regard de l'autre ne se définit pas en une phrase. Il y a plusieurs façons de l'évoquer et de le vivre. Il y a d'abord notre propre regard que l'on projette dans l'autre. Souvent on pense que l'autre va se mettre à nous juger, nous analyser, se moquer, ou encore penser pour nous...

Et s'installent alors tout un tas de projections : « Je peux pas lui envoyer ce texto, il va croire que je suis trop relou », « J'arriverai jamais à parler devant tout ce monde, ils vont se dire que je sais pas m'exprimer », « J'ose pas chantonner dans la rue, les gens vont me trouver ridicule »...

On projette notre propre regard dans le regard de l'autre parce qu'on a peur d'être jugés. On préfère donc imaginer ces potentiels regards, avant qu'ils ne se produisent.

Il y a aussi (et surtout) notre propre regard qui nous empêche de faire. Imagine-toi chantonner dans la rue parce que la musique que tu écoutes est entraînante. Peut-être que des gens vont penser que tu es ridicule, mais il est aussi fort probable que deux secondes après ils soient passés à autre chose.

Alors, qu'est-ce qui t'empêche réellement de le faire ? Est-ce l'autre ou bien toi qui te trouves ridicule ? Finalement ne s'agit-il pas du regard que l'on se porte, ou plutôt qu'on ne se porte pas ?

Une amie m'a dit : « On valide le regard de l'autre sur nous, parce qu'on n'a pas encore posé notre propre regard sur soi. » Je pourrais ne rien écrire de plus tellement cette phrase se suffit à elle-même...

Bien sûr que ce n'est pas évident de poser notre propre regard sur nous, parce que, encore une fois, on nous a tellement habitués à ce qu'on le fasse à notre place, que se le réapproprier, c'est putain de dur !

Inévitablement, l'autre sera toujours là à te regarder, te juger et te donner son avis, sans même que tu lui aies demandé.

Si ça te touche autant, et si tu y apportes autant d'importance, c'est certainement parce que quelque chose en toi n'est pas clair.

Alors toi, es-tu fière de toi ? Comment tu te regardes ? Comment tu t'estimes ? C'est en te posant ces questions que tu réussiras à vivre sans prendre en compte le regard de l'autre.

Quant au jugement, lui est verbalisé et exprimé, sinon il ne reste qu'une hypothèse et une croyance propres à notre interprétation du regard de l'autre.

Il est clair que plus on accorde de l'importance au jugement d'autrui, plus notre propre jugement perd de sa valeur. C'est comme ça que nous donnons aux autres le pouvoir de déterminer notre valeur et notre identité. On laisse l'autre décider pour nous ce qui est bon ou pas, sans même nous interroger.

Finalement, le regard et le jugement que l'on porte sur nous deviennent ceux des autres, et on s'enferme dans cette prison que nous avons construite.

On est tous dans le même bateau, on se soucie tous (à des niveaux différents) du regard d'autrui et, surtout, on est tous l'autre de quelqu'un.

Tu peux décider de changer ta perception et penser que l'autre aussi a ses besoins, ses valeurs, que ça lui arrive d'avoir peur du regard et du jugement d'autrui, y compris du tien. Si ça lui arrive de te juger, c'est peut-être, qu'il envie telle ou telle chose chez toi (?). Très certainement ! L'autre projette en nous ce qu'il n'ose pas faire. N'est-ce pas une bonne raison pour mettre de la distance avec son jugement et son regard ?

On valide
le regard
de l'autre
sur nous,

parce qu'on
n'a pas encore
posé notre
propre
regard sur
soi.

Celui qui juge le fait à travers ses propres yeux, ses propres expériences, croyances, interprétations et ses propres valeurs. Ce que tu es à ses yeux est donc déformé par le prisme de ce qu'il est lui-même.

C'est un énorme défi que de se donner de la valeur, de l'estime et de se connaître. C'est un long chemin, mais au bout de celui-ci, il y a la liberté, la tienne.

Beaucoup de gens croient que je me fous du regard des autres et que je suis très détachée de ce qu'ils pensent. Je ne peux pas complètement m'en foutre, du moins je ne le veux pas, sinon cela voudrait dire que je ne considère pas les gens qui m'entourent. En revanche, j'ai appris à ne plus dépendre du regard d'autrui, à ne plus chercher à plaire à tout prix. Je me suis détachée de ces besoins qui n'étaient que souffrances et m'empêchaient de me construire.

Quand j'ai commencé à produire des vidéos sur Internet, je n'avais pas vraiment d'appréhension puisque j'ai commencé par poster sur mon compte Facebook, sur lequel il n'y avait que mes amis. Je savais qu'il n'y aurait que de la bienveillance dans leurs retours, même si ça ne plaisait pas à tout le monde.

Au moment où je me suis décidée à créer une page dédiée à ce projet, ma peur n'était toujours pas présente, puisque je savais pourquoi je le faisais, et surtout parce que ça me faisait marrer. Au bout de deux mois, 15 000 personnes ont mis un « j'aime » sur cette page. Je me suis pris une grosse claque. Je ne pensais pas que ça allait attirer autant de monde !

À ce moment-là, ma peur a commencé à s'emparer de moi. J'avais la sensation que ça m'échappait et que je ne pouvais plus rien contrôler. J'avais peur qu'on trouve mes vidéos nulles, que mon humour soit critiqué, que je sois encore taclée sur mon poids... Et pourtant, je n'ai pas lâché. Je n'ai pas lâché parce que je sentais que ça me faisait du bien, que je sortais de ma zone de confort, dénonçais des choses qui me mettaient en colère, et que cela pouvait faire du bien à certaines personnes...

Ça n'a pas été chose aisée que d'écouter mon instinct, étant donné que, là encore, beaucoup de gens y allaient de leurs avis : « T'es sûre de vouloir te lancer là-dedans ? », « Des vidéos sur Internet ? Mais on gagne sa vie avec ça ? », « Si j'étais toi, je ferais pas autant de grimaces... » Mais je n'ai pas voulu en tenir compte et je me suis fiée à mes envies.

D'ailleurs, ces grimaces qui représentent Coucou les Girls, j'étais incapable de les faire il y a quelques années, puisque j'avais ce besoin de plaire à tout le monde. À l'époque, il n'était même pas question que je me tourne en dérision !

Maintenant, les choses sont tout autres. Je pense d'abord à moi, à mon plaisir, à mes envies, avant de me demander si cela va plaire aux autres ou pas.

Puisque dans tous les cas, que je me pose la question ou pas, il y aura toujours des gens qui diront que ce que je fais « c'est de la merde », alors je préfère me faire mon propre avis !

Cela fait bientôt trois ans que je poste des vidéos sur Internet et me confronte au regard des autres. Mais aujourd'hui, j'ai réussi à m'en libérer et à ne plus dépendre de ça. J'arrive à faire la distinction entre ce qui me sert et ce qui me dessert, car maintenant, je parviens à savoir ce que je veux et ce que je ne veux pas/plus dans ma vie.

Attention, je ne dis pas qu'il ne faut plus parler à personne et devenir complètement hermétique aux autres, hein ! Il va de soi que le regard et l'avis d'autrui peuvent être bénéfiques !

Disons que maintenant je sais vers qui me tourner en cas de doute, à qui je peux exprimer mes souffrances pour avoir en échange une écoute attentive, des conseils bienveillants, sans qu'ils émettent un jugement.

J'arrive, grâce à moi et aux autres, à me remettre en question et ne pas me reposer sur un simple « Je suis comme je suis, et si t'es pas content, c'est pareil ».

Il va sans dire que le regard de l'autre m'importe toujours et que cela est agréable de savoir que ce que je fais et suis séduit. Mais je n'ai plus besoin de l'approbation des autres pour me sentir bien et pour faire ce qu'il me plaît, comme chantonner dans la rue !

Levsky ink yoga

— 29 ANS —

Professeur de yoga

« Est-ce que tes tatouages sont une sorte de protection exubérante pour toi ? »

Ça remonte à tellement loin que je suis incapable de me souvenir à quel moment mon corps et moi avons décidé de ne plus nous calculer... Enfin si, j'en ai une petite idée ! En 98, la gamine que j'étais a pris un bus pour la classe de ski des « grands », comme on disait à la cour de récré. Le pire qui puisse arriver à un enfant s'est produit cette semaine-là. Il ne m'en reste que des images par flashs. La nuit, le dortoir, mon pyjama préféré jeté par terre, le blanc des yeux d'une de mes camarades, le poids et la respiration de cet homme sur moi, des ombres, et une douleur, celle de quelque chose de dur en moi, des doigts... Peut-être pire, je ne sais pas, et je n'ai jamais voulu le savoir.

À mon retour les choses se sont enchaînées très vite : brigade des mineurs, témoignages et confrontation... Dossier classé sans suite. Après ce parcours d'humiliation, la vie a repris son cours, presque comme si de rien n'était. Pas de psy, pas de suivi, à dire vrai, rien. Je me suis retrouvée seule à dealer entre moi et moi.

Le temps a passé. Il faut savoir que je n'étais pas une gamine qui plaisait au plus grand nombre. Les relations avec ceux de mon âge étaient complexes et leur rejet était extrêmement douloureux pour moi. Échec scolaire et fuites en avant, sans m'en rendre compte, je suis arrivée à l'âge de 18 ans, sans diplôme, pas de projet, et pas de famille.

Tout ce qu'il me restait, c'était ce corps que l'on m'avait volé dix ans auparavant. De soirée en soirée, j'ai commencé à noyer cette douleur que je ne parvenais pas à identifier dans des joies artificielles, passant de l'alcool aux drogues, du Paris Paris au Baron et au Bus Palladium. Je me suis retrouvée à offrir mon corps à n'importe quel homme qui daignait m'accorder un peu d'attention. Dans des loges, des toilettes, à 5 heures du matin sur un coup de fil… peu importe, tant que l'on me donnait le peu d'intérêt que j'attendais. Je me pensais forte, maîtresse de mes actes et de ce corps pour lequel j'avais tant de dégoût.

Un jour, sur un coup de tête, je me suis fait tatouer une petite ancre marine à l'intérieur du poignet. Je me souviens avoir eu très mal et avoir aimé cette sensation : faire subir ce que je souhaitais à mon corps, de mon plein gré.

Les petits tatouages sont devenus de plus en plus gros et de plus en plus visibles. Jamais dans l'idée de les faire pour les autres. Il n'empêche que je n'ai pu que constater des changements dans les regards que l'on porte sur moi. Derrière mes tatouages, ma sensibilité extrême est plus discrète. Au premier abord, on ne se dit pas : « Cette meuf avec tous ces tatouages pleure de solitude le soir chez elle. » Me recouvrir la peau de tatouages m'a offert la possibilité de me réapproprier ce corps que l'on avait détruit. Et je peux dire aujourd'hui, avec plus de recul, que tatouer mon corps a été la thérapie que je n'ai jamais faite.

Je m'inflige ce que je désire, personne ne le décide pour moi. Mon corps est l'expression de mes sentiments, et seuls ceux qui témoignent d'une sensibilité semblable à la mienne lisent à travers. Par ce biais, je crie fort au monde que cette enveloppe que l'on appelle « corps » est à moi, et que j'en fais ce que je veux.

Dans la philosophie du yoga, on décrit le corps comme une cage, celle de notre esprit. Alors tant qu'à vivre dans cette petite cage pendant encore cinquante ans, j'ai pris le parti de la rendre plus joyeuse et plus colorée.

Responsabilité,
valeur,
liberté,
exister,
détachement.

Et toi, alors ?

♥ *Quelles sont tes valeurs ?*

♥ *Liste toutes tes qualités :*

Sur une échelle de 1 à 10, à combien penses-tu avoir peur du regard des autres ?

Qu'est-ce qui t'importe dans le regard et le jugement d'autrui ?

*Penses-tu que les autres savent mieux que toi ?
Si oui ou non, pourquoi ?*

♥ *Et toi ? Juges-tu les autres ?*

♥ *Pourquoi ?*

♥ *Comment pourrais-tu faire pour ne plus dépendre du regard des gens ?*

♥ ***Fixe-toi deux objectifs à réaliser dans le mois, pour t'affranchir du regard des autres et te sentir plus libre :***

Chère audace

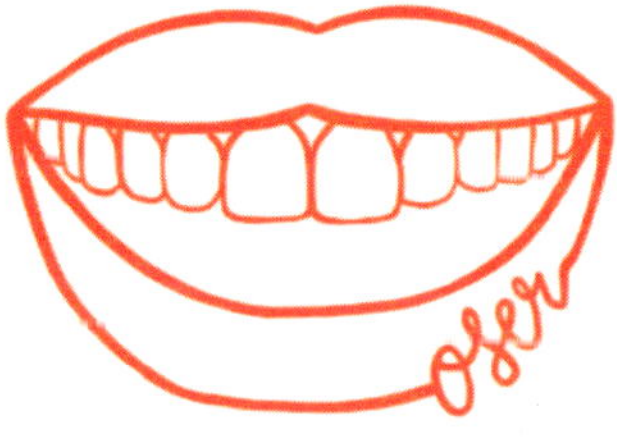

sortir de sa zone de confort
inconfortable

OSER

Définition du dictionnaire : Avoir la hardiesse, le courage, l'audace de faire quelque chose.

Ma définition : Sortir de ma zone de confort et de mes schémas habituels.

Quand j'étais à l'école primaire, j'avais une amie que j'aimais sans limites. Elle était tout l'inverse de moi : rousse avec des taches de rousseur, une voix toute fluette, mince, bonne élève, appréciée de tout le monde... Moi, j'étais un peu boulotte, pas grosse mais boulotte, pas très bonne élève, globalement un peu peste et radine...

J'étais complètement en admiration devant elle et devant ce que je n'étais pas. (Comparaison bonjour.)

Un matin, en arrivant dans la cour de récréation, je l'aperçois dans une sorte de petite cabane avec d'autres copines à nous. Je décide de me joindre à elles et, au moment où je m'assois, elles se taisent. Je lui demande de quoi elles parlent, elle me dit qu'elles se racontent des secrets et qu'elle ne veut pas que je sois là. Je sors de la cabane... J'étais triste, triste qu'elle m'écarte d'elle. Le lendemain matin, je l'ai vue arriver derrière moi, j'ai fait comme si je m'étirais et je lui ai foutu une baffe. Évidemment, j'avais fait exprès, c'était ma vengeance à la con.

Le soir, en rentrant chez moi, je me suis dirigée vers mon téléphone fixe pour voir si j'avais des messages de mes copines. Et là, j'entends qu'elle m'a laissé neuf messages... D'une violence ! C'était terrible pour moi. Je me souviens surtout d'un message où elle chantait ces mots : « Obèse, obèse, tu es très obèse, t'es grosse... » Plus tous les autres messages où elle insistait sur le fait que j'étais grosse et qu'elle ne m'aimait plus...

J'avais 9 ans et j'ai passé plus de quinze ans de ma vie à lui en vouloir. Il n'y a pas si longtemps j'ai fait un travail sur moi et l'un des exercices était de demander pardon à quelqu'un à qui j'aurais pu faire du mal. J'ai tout de suite pensé à elle. C'était très douloureux, je me souviens avoir beaucoup pleuré. Je sentais que ce n'était pas le bon moment, alors, j'ai laissé passer du temps avant de prendre mon courage à deux mains. J'ai fini par l'appeler pour lui dire que j'avais besoin de la voir. On s'est vues et je lui ai tout raconté : je me suis sentie humiliée, mise de côté, « à cause d'elle » j'avais la sensation de ne pas être acceptée pour qui j'étais. En lui racontant tout ça, j'étais en larmes, parce qu'il m'était très dur de l'affronter et surtout de m'affronter. Elle-même restait la tête baissée et, à la fin, elle m'a dit très calmement : « Juliette, je ne me souviens absolument pas de tout ça, mais je suis profondément désolée de t'avoir fait aussi mal. C'est drôle parce que je t'admirais tellement, tu étais tout ce que j'avais envie d'être : rigolote, fofolle, un peu rebelle... Si je peux faire quoi que ce soit pour t'aider à ne plus m'en vouloir et à être en paix avec ça, je le ferai. » Tout s'est calmé en moi et il ne m'a pas fallu beaucoup de temps pour accepter son pardon et surtout le mien. J'ai vécu plus de quinze ans dans la peur d'oser et de prendre des risques. J'avais ce sentiment d'humiliation qui m'interdisait de le faire, et donc je me censurais.

Je reviens sur ce fameux exercice du pardon, où je me suis sentie très mal face à cette situation. J'ai mis du temps à comprendre pourquoi ça me semblait si douloureux de l'appeler. J'ai vite fait le lien avec le fait que cette histoire m'a réellement blessée, mais ça me paraissait fou qu'une histoire aussi anodine que celle-ci prenne une ampleur pareille. Pourquoi c'était si compliqué de l'appeler et de s'excuser ? Jusqu'alors, je n'avais jamais demandé pardon à quelqu'un, je ne m'étais jamais confrontée à l'autre et à moi en même temps. J'étais dans l'inconnu le plus total, je me sentais comme submergée par l'émotion rien qu'à l'idée de le faire.

Si je commence ce chapitre en te racontant cette anecdote, c'est qu'il me semble important de te parler de nos habitudes et de ces schémas que l'on répète.

La zone de confort c'est quelque chose que l'on maîtrise, des choses familières et confortables, qu'elles soient agréables ou non. Par exemple, se retrouver tous les jours dans un métro bondé fait partie de notre zone de confort, parce que c'est ce qu'on connaît. S'engueuler ou passer de beaux moments avec notre partenaire fait partie de notre zone de confort, parce que c'est ce qu'on connaît. Nos habitudes, notre routine, notre comportement, nos connaissances... font également partie de notre zone de confort.

Il y a aussi notre zone d'apprentissage, celle qui nous permet d'élargir nos pensées et donc nos habitudes. Apprendre une nouvelle langue, faire un tour du monde, faire connaissance avec de nouvelles personnes... C'est dans cette zone que l'on apprend le plus et que l'on se découvre. Pour certaines personnes, cette zone peut faire peur et est synonyme de danger, donc elles préfèrent rester dans leur zone de confort et se cantonner aux habitudes qu'elles connaissent si bien.

Sortir de sa zone de confort veut simplement dire agrandir ses zones, enrichir ce que l'on est et ce que l'on a. Souvent on pense à tort que sortir de sa zone de confort rime avec « perte ». Perdre ce que l'on avait, voire perdre ce que l'on est. Ce ne sont que des projections liées à la peur qui nous empêche d'avancer.

Si par exemple, tu as envie de sauter en parachute parce que ça t'excite et que tu ne connais pas cette sensation, mais qu'à la fois tu as tellement peur de ne pas aimer, ou encore que le parachute ne s'ouvre pas, c'est là qu'il faut que la motivation devienne plus forte que la peur. Sinon, tu ne sauteras jamais en parachute et tu resteras dans ta zone d'habitudes.

J'étais dans ma zone de confort quand il s'agissait de fuir les problèmes, de ne jamais demander pardon, de ne pas me remettre en question, et de croire que je savais généralement mieux que les autres. D'où le fait qu'il m'était très difficile d'appeler mon amie d'enfance. J'étais quand même bien dans ma petite zone de confort inconfortable. Je connaissais bien tout ça et c'est pour ça que j'étais si effrayée à l'idée de mettre de la distance avec mes habitudes.

Là j'en parle avec du recul, mais sur le moment j'étais juste terrifiée à l'idée de me replonger dans toutes ces émotions qui me ramenaient à mon passé et à ce sentiment d'humiliation. Je n'avais pas envie d'y retourner, mais en même temps je sentais que j'avais besoin de la revoir et de me libérer de tout ça. J'ai essayé de dissocier mes peurs et mes envies, et visiblement mon désir était plus présent que le reste. Quand je l'ai vue, mes émotions m'ont submergée et ce que je racontais était à peine audible tellement mes larmes coulaient à flots. Mais j'avais, pour la première fois de ma vie, envie que l'autre prenne conscience du mal qui me rongeait depuis tout ce temps et qu'il prenne également ses responsabilités en main. Ce moment était si douloureux que j'avais envie de partir à chaque seconde, parce que je me trouvais tellement con de pleurer autant devant tous ces gens qui me regardaient. Ça faisait beaucoup de premières fois en même temps, mais c'est fou comme je me sentais complètement à ma place.

Une fois notre dîner terminé, nous sommes parties chacune de notre côté. Je ressentais à nouveau cette sensation que j'avais eue quand je m'étais séparée de mon manager : une légèreté absolue et une honnêteté profonde. Depuis, toute cette histoire, qui m'a marquée pendant plus de quinze ans, n'est qu'un souvenir rempli de douceur et de tristesse à la fois, mais je n'en souffre plus.

Si je m'attarde autant sur cette histoire, c'est pour te faire comprendre qu'il est parfois tellement, mais tellement difficile et périlleux de s'affranchir de ses habitudes. Il n'est évidemment pas question de changer, de se changer. Non, il s'agit de se dépasser, se développer et d'évoluer.

Il n'est pas mauvais de rester dans sa zone de confort, il n'est mauvais de rien d'ailleurs. Il faut juste se questionner sur ce que l'on veut pour soi. Parfois, ces souhaits nous font tellement peur qu'on préfère ne rien faire. Alors peut-être qu'il serait intéressant d'aller questionner ces peurs-là, et voir ce que l'on veut en faire ?

Sortir de sa zone de confort, c'est se confronter à ses peurs. Si on n'avait peur de rien, on n'aurait aucune limite et on ne parlerait jamais de « zones ». Ça paraît con dit comme ça, mais ça montre bien que nous sommes nos propres barrières.

Les peurs sont liées à ce que nous avons vu, vécu, entendu... Tout est relié au passé et, évidemment, jamais au présent. On n'a jamais peur de quelque chose de présent, qui est là, dans l'instant T, sans qu'il y ait aucun lien avec notre passé. Par exemple, quand on a peur de prendre l'avion, c'est souvent parce qu'on a vu à la télé des crashs aériens, entendu des gens qui ont subi de grosses turbulences... Alors que nous savons que c'est l'un des moyens de transport les plus fiables et qu'il est très rare que de telles choses arrivent. Mais nous nous accrochons à nos peurs pour éviter ce genre de situation. Le résultat est que nous ne prendrons jamais l'avion et que nos voyages resteront pas très loin de chez nous. Je ne sais pas si c'est le meilleur exemple à prendre, mais je pense que t'as capté l'idée.

Ce que je veux dire par là, c'est qu'on a le choix (encore une fois) : soit nous laissons nos peurs nous dominer et prendre le contrôle de notre vie, soit on leur fait face et on les dépasse.

Il m'arrive de temps en temps de lister mes peurs, celles qui sont nouvelles, d'autres là depuis toujours. Ça m'aide à dépasser certaines d'entre elles.

Je ne me fixe jamais d'objectif ni de timing, mais je fais les choses quand je le sens et surtout je me répète cette phrase qui m'aide aussi beaucoup : « Je ne veux pas laisser mes peurs me contrôler. »

C'est vertigineux de s'affranchir de ses habitudes et de ses peurs, mais je suis persuadée qu'en se dépassant, on est au plus près de soi. Alors je te partage une de mes listes, mais je te fais confiance, garde-la pour toi.

♥ ***J'ai peur de :***

- [x] Dire « je t'aime » aux gens que j'aime
- [ ] Me retrouver dans le noir complet
- [ ] Exprimer ma gratitude *en cours*
- [ ] Sauter dans le vide
- [ ] Séduire
- [ ] Lâcher prise *en cours*
- [x] Être sur scène
- [ ] La mer trouble
- [x] Mettre fin à une relation (quelle qu'elle soit)
- [ ] Ne plus contrôler
- [ ] Montrer ma vulnérabilité *en cours*
- [ ] Conduire une voiture

♥ *Et toi ? Quelles sont tes peurs ?*

♥ *Qu'en est-il de l'audace ?*

La limite est très fine entre oser et sortir de sa zone de confort. Mais j'y mets quand même une nuance. J'ai un peu l'impression que lorsque l'on parle d'audace, on parle surtout de se dépasser, de manière ponctuelle. Alors que quand on parle de sortir de sa zone de confort, c'est plutôt sur la durée que ça se passe, comme quelque chose qui s'ancre en nous. Il faut parfois beaucoup de courage et d'audace pour sortir de sa zone de confort, et c'est en osant faire, en osant s'écouter profondément, que l'on devient de plus en plus grand et que l'on prend le contrôle de sa vie. Je crois que c'est aussi l'une des clés pour prendre sa vie en main. Il est évident que ce n'est pas facile pour tout le monde d'oser s'exprimer et passer à l'action, mais quand on le fait, nous osons :

☐ Être en paix avec nous-mêmes, libérés de rancœurs et de regrets ;

☐ Développer notre confiance et estime de nous ;

☐ Être acteurs de notre vie ;

☐ Donner du sens à nos réalisations ;

☐ Exprimer notre savoir-être ;

☐ Exprimer et valoriser notre savoir faire ;

☐ Nous autoriser à être épanouis personnellement et professionnellement.

« Exister, c'est oser se jeter dans le monde. »

Simone de Beauvoir

♥ *Comment fait-on pour oser ?*

Ce qui est compliqué, c'est à la fois d'arrêter de s'écouter, et en même temps de complètement le faire. Il faut apprendre à dissocier notre peur qui nous freine et notre instinct qui nous pousse. Lorsque l'on se fie à son intuition, on connaît la réponse. Perso, je ne suis pas du tout pour le « Il faut se faire violence », ou encore le « Je me mets un coup de pied au cul » ; parce que ça, c'est se forcer, c'est savoir qu'on n'en a pas vraiment envie, mais peut-être qu'en se forçant ça va marcher. C'est possible, mais pour combien de temps ? Il y a quand même une différence entre « J'ai trop envie de mettre une minijupe mais j'ose pas », et « Faut trop que je mette une minijupe mais j'ose pas ». Oui, je suis tatillonne sur les mots, mais ils ont un vrai sens, et si déjà on n'emploie pas les bons mots, bah on n'est pas dans la merde hein ! Il est clair : quand on ose, on se jette dans le grand bain, dans l'inconnu le plus total, un peu comme lorsqu'on sort de sa zone de confort / d'habitudes. Il n'y a pas de recette miracle pour oser, il faut juste se fier à son instinct, à soi, prendre une grande inspiration et y aller. Et puis oser, c'est aussi nous confronter à nos peurs qui nous empêchent d'agir. Je ne sais pas pour toi, mais moi quand j'ai envie de faire quelque chose mais que la peur me freine, je regrette toujours après. Et finalement cette peur-là ne fait que de s'amplifier, et on finit par s'asseoir sur nos envies. L'ayant déjà vécu un bon nombre de fois, je n'ai plus tellement envie de regretter, je préfère affronter mes peurs, flipper un petit moment et oser. Oser, se dépasser, sortir de sa zone de confort... C'est quand même vachement courageux et c'est important de le souligner. On peut dire ce qu'on veut, il n'est pas facile d'écouter ses envies ou de se forcer à oser, et je pense qu'il est nécessaire de s'encourager et de se féliciter quand on vient de franchir une étape.

Oser,
c'est être au
plus près
de soi.

Fabrice Florent

— 42 ANS —

Fondateur de madmoiZelle

« Depuis que tu as créé madmoiZelle, sens-tu qu'il y a des choses qui ont changé en toi ? Si oui, lesquelles ? Est-ce que tu sens que c'est plus simple pour toi de sortir de ta zone de confort ? Si oui, comment ? »

Créer une entreprise, c'est un « saut de foi ». À mes yeux, pour le fils d'un cadre moyen, petit-fils d'ouvrier textile que j'étais, salarié pendant sept ans à l'entrée dans ma vie active, c'est sans doute la sortie ultime de ma zone de confort.

Il n'y a qu'une autre sortie de zone de confort qui égale la création d'entreprise : faire un enfant. Ça tombe bien, tiens, puisque j'ai fait les deux en même temps ! Eh oui, la légende raconte que nous avons conçu notre première fille le jour où j'ai lancé madmoiZelle, le 1er octobre 2005.

Comme pas mal de gens, j'en ai toujours eu envie. Non pas de faire des enfants (c'est venu plus tard), mais de créer mon entreprise. L'indépendance et la liberté, ça a toujours été mon kif, depuis le plus jeune âge. Seulement, entre avoir envie et décider de vivre cette liberté, il y a un immense fossé, que bon nombre de salariés ne franchissent jamais.

Je me souviens très clairement de cette discussion avec ma femme. Je lui disais que j'en avais assez de mon boulot et que je voulais en profiter pour me lancer. Je doutais terriblement, mais je sentais le feu brûler dans mon bide, et je savais que ça me boosterait quoi qu'il arrive. Mon immense chance, c'est que ma femme m'a soutenu immédiatement et à chaque instant depuis, malgré les (nombreuses) épreuves.

Créer son entreprise, c'est compliqué. Et c'est pas pour me lancer des fleurs – parce que c'était de l'inconscience quand j'ai fait ce « saut de foi » –, mais je n'ai clairement pas choisi la voie la plus simple.

J'ai décidé d'autofinancer (sans groupe d'investisseurs derrière moi) un magazine sur le Web, dédié à un public très restreint (les jeunes femmes coincées entre l'adolescence et leur vie d'adulte), et dont la quasi seule source de revenus repose sur la publicité en ligne, marché ultra instable depuis plusieurs années.

Donc oui, d'un point de vue « sortie de zone de confort », j'ai été servi.

Ensuite, mon plus gros combat a été clairement une bataille contre moi-même. Le premier challenge a été de me bâtir une ambition avec les années. Pénélope Bagieu m'avait dit : « L'ambition c'est comme un muscle, plus tu l'entraînes, plus elle grossit. » Cela a été tellement vrai pour moi.

J'ai aussi éclaté dans les grandes largeurs mon syndrome de l'imposteur, et même s'il revient régulièrement toquer à la porte pour me chuchoter à l'oreille « Reviiiiens dans ta zone de confort ! », j'ai pris l'habitude, avec le temps, de m'analyser pour combattre cette tendance.

Ces dernières années, j'ai aussi appris à apprécier les conflits, à comprendre qu'ils menaient toujours à du positif, ou en tout cas, à débloquer des situations parfois compliquées.

Avant ça, j'avais tendance à les éviter, à les fuir, à avoir peur de blesser l'autre. Au final, c'était encore pire, parce qu'en n'affirmant pas mes opinions et ma vision des choses, je laissais l'autre dans une incertitude qui amenait souvent plus de négatif qu'autre chose.

Enfin, comment évoquer la sortie de sa zone de confort sans causer de mon autre immense challenge personnel depuis 2005, *aka* la naissance de mes deux filles ? Devenir père est un cataclysme intérieur qu'on sous-estime encore trop peu. Ça redéfinit tes priorités, ta façon d'entrevoir le futur, ça te challenge au quotidien, dans ta propre attitude vis-à-vis de tes mômes, mais aussi dans ton couple.

J'en parle beaucoup plus longuement et avec d'autres pères dans mon podcast « Histoires de Darons », où je tends le micro à des pères de tous horizons, aux paternités diverses et variées. Il y a chez tous mes invités un dénominateur commun : « Wow bordel, c'est pas simple ! »

Chère sexualité

Oh oui !
J'te fais pas mal ?
NON, continue
MmmH ...
Oh oui, VAS-Y !

SEXUALITÉ

Définition du dictionnaire : Ensemble de mécanismes physiologiques qui concourent au rapprochement des sexes et à la reproduction de l'espèce.

Ma définition : Libération la plus totale.

Mes parents se sont séparés quand j'avais 10 ans et mon père a vécu avec une autre femme pendant six ans.

Très tôt je les ai entendus coucher ensemble, très tôt j'ai surpris mon père regardant des films porno, où j'entendais les gémissements des actrices qui résonnaient dans son ordinateur. Très tôt j'ai vu qu'il cachait de nombreux DVD X dans son appartement, et très tôt je l'ai entrevu se masturber une bonne dizaine de fois. Très tôt donc, mon rapport à la sexualité a été compliqué.

J'ai découvert ce qu'était le désir de l'autre, les fantasmes de chacun à travers mon père, et bien qu'il ne m'ait jamais rien imposé volontairement, la réalité en a fait autrement. Pendant six ans, j'ai vécu sa sexualité malgré moi.

Adolescente, je me donc suis construite avec des images qui ne m'appartenaient pas et qui se sont ancrées en moi.

À 14 ans, j'ai rencontré un garçon en vacances, à qui je n'arrivais pas à dire « stop » par peur qu'il ne me juge. « Aïe, tu me fais mal, arrête ! » ont été les seuls mots qui sont sortis de ma bouche. Il n'y a pas prêté attention et je me suis laissé faire. Une fois rentrée dans ma chambre, je me suis aperçue que je saignais. Je pensais que j'étais en train d'avoir mes règles, mais vu la couleur, j'ai compris qu'il n'en était rien. Un dépucelage que je n'avais jamais nommé « viol », et ce jusqu'à il y a un an.

Avec les hommes qui ont suivi, et notamment les rapports sexuels que j'ai eus avec eux, j'espérais avoir mal lors de chaque pénétration, comme si je pouvais me réinventer une virginité... Et puis, je suis devenue une femme à hommes comme on dit. J'accumulais les conquêtes, les plans d'un soir, ou de plusieurs nuits, des histoires plus longues mais qui se ressemblaient toutes. Je croyais que je devais faire comme ces actrices porno : être baisée, soumise, souillée, à la merci des hommes, sans connaître l'orgasme. Et en même temps, je désirais être aimée par eux. J'étais dans un fantasme qui ne rimait pas avec plaisir mais j'avais l'impression d'exister, de me sentir vivante et désirable. Pendant plus de huit années, j'ai été la maîtresse d'un homme que je trouvais très beau et charismatique. Je me sentais tellement chanceuse qu'il ait posé ses yeux sur moi. J'étais clairement sa chose, je répondais à son désir en permanence, et dès qu'il en avait envie, hop j'étais fraîche et disponible. Il était en couple avec une femme qui ignorait ce qu'il se passait, mais leur entourage et le mien étaient bien au courant. J'espérais sans arrêt qu'il la quitte pour moi, qu'il se rende compte que c'était moi la femme de sa vie. Du coup, je me la jouais sympa, souriante, à son écoute, disponible dès qu'il avait envie de tirer son coup. Bien sûr, il ne l'a pas quittée pour moi mais je persistais à y croire.

En huit ans nous n'avons jamais dormi ensemble, nous n'avons jamais fait de câlins, rien. Sexuellement tout était biaisé, puisque je couchais avec lui en espérant toujours plus, et lui le faisait parce que je l'excitais. Ce non-équilibre ne faisait qu'accentuer ma non-estime, et pourtant j'étais tout de même actrice et consciente de notre relation depuis toutes ces années.

Mon rapport au corps, à mon sexe, à ma féminité, aux désirs et fantasmes que je pouvais avoir, est arrivé tard. Ce qui fait que je n'ai pas réellement pris de plaisir avant mes 24 ans. D'ailleurs, c'est à cette période que j'ai rencontré l'homme dont je t'ai parlé dans le deuxième chapitre, et c'est avec lui que j'ai éprouvé du plaisir pour la première fois de ma vie. En fait, ce n'est pas tant lui qui a « réussi », mais plutôt moi qui me suis libérée et qui ai lâché prise. J'acceptais beaucoup plus que l'autre s'attarde sur mon corps et sur le plaisir qu'il voulait me procurer.

Finalement, peut-être que les autres l'ont fait mais que je n'étais pas prête à le voir et à le ressentir ? Avec lui, on ne faisait rien de plus basique comme positions, mais j'étais attentive à chacun de ses gestes, à chacune de ses caresses, et donc beaucoup plus ouverte à recevoir et à donner. C'est ça aussi faire l'amour : partager, se laisser aller, être dans le présent, donner et recevoir. Avec lui, j'étais en train de me découvrir sexuellement, de découvrir ce qui me faisait du bien et ce que j'aimais partager avec l'autre.

Ce qui a été compliqué et ce qui l'est encore, c'est d'être en accord avec ma féminité et ma sensualité. Par exemple, un soir j'avais proposé à un de mes amants de l'accueillir en porte-jarretelles, talons et body en dentelle. Au moment où j'ai ouvert la porte, je me suis transformée en une gamine qui ne savait plus où se mettre tant j'étais gênée d'agir comme une femme sensuelle à l'aise avec son corps. J'ai longtemps cru que pour être désirable, il fallait surjouer son côté femme et en faire des caisses dans la séduction. D'ailleurs, je ne suis jamais allée vers les hommes qui me plaisaient, j'attendais toujours que l'autre fasse le premier pas tellement il m'était compliqué d'assumer cette part de séduction. Mais aussi, parce que j'étais persuadée que j'allais me prendre un bon gros râteau de leur part. Donc, je ne bougeais pas et je rongeais mon frein.

Avec le temps et un bon travail sur moi, j'ai compris qu'à travers la sexualité j'espérais que l'on m'aime. Comme si l'autre allait se dire : « Waouh, c'est vraiment un bon coup, elle ! Je crois que je suis amoureux. »

Maintenant ça me fait un peu sourire quand j'y repense, mais je vous assure que ça se passait comme ça dans ma tête. En vrai, j'étais prête à me mettre avec n'importe qui, tant que l'autre s'intéressait à moi, ne serait-ce que pour me baiser. Savoir que je plaisais aux hommes venait rassurer ma minuscule estime, mais une fois que je me retrouvais au lit avec eux, j'étais terriblement gênée de mon corps rond, et j'avais peur qu'au moindre coup d'œil sur celui-ci, ils partent en courant. Et une fois la baise finie, je me sentais tellement sale, parce que, au fond, ce n'est pas ce que je voulais.

Alors j'ai eu envie d'arrêter tout ça parce que ça ne rimait à rien. Je ne vivais rien de profond, je vivais dans mes fantasmes plus que dans la réalité, et surtout, je me sentais terriblement malheureuse et seule.

Si aujourd'hui j'arrive à parler de cette période de ma vie, qui a été très douloureuse, c'est parce que j'ai compris que je cherchais au mauvais endroit. L'amour que je voulais qu'on me porte n'était pas le bon puisqu'il ne s'agissait pas du mien. Je cherchais à tout prix que l'autre m'aime en dépit de mon faible amour-propre.

Dans la pornographie, on nous montre souvent des hommes hyper endurants, qui tiennent très longtemps, sans un pète de graisse, avec une barbe bien taillée, des muscles dessinés, aucun poil sur le corps, avec un énorme sexe, et qui éjaculent des litres de sperme. Quant aux femmes, elles n'ont pas de cellulite apparente, ont des seins qui tiennent tout seuls, des orgasmes toutes les deux secondes, prennent des positions toutes plus rocambolesques les unes que les autres, et sont toujours méga ravies de se faire éjaculer sur le visage.

Quand tu sais que c'est de la fiction et que tu ne t'identifies pas à ça, c'est super. Mais quand, consciemment ou pas, tu veux reproduire ce qu'il se passe dans ces films, et que ça en devient ton modèle de base, franchement comment veux-tu ne pas être complexé ou déçu ?!

Si je te parle de ça, c'est parce que je reçois très souvent des messages de personnes qui se comparent aux acteurs et actrices porno, qui pensent devoir faire comme eux pour être un bon coup, elles se retrouvent très vite désenchantées une fois face à leur partenaire.

Bon alors déjà, je vais casser le mythe : le « bon coup » n'existe pas.

Ça ne veut rien dire, parce que tout est très relatif : cela dépend de ce que tu partages avec l'autre et de ce que tu aimes. Il repose aussi sur ton vécu. Le bon coup n'existe pas puisque la normalité n'existe pas dans la sexualité... Ce qui compte, c'est toi, tes aspirations et l'alchimie que tu as avec ton partenaire. S'il partage les mêmes désirs que toi alors là tu peux dire que c'est un bon coup. Voire que vous êtes tous les deux des bons coups. Mais j'avoue préférer dire qu'il n'y a pas de bons coups mais de bonnes alchimies.

Je pense que le fait de se comparer et de reproduire des films porno provient de notre société qui nous pousse à la performance dans tous les domaines. On peut se sentir amoindri, ne serait-ce que sur le plan physique, alors on reproduit.

D'ailleurs, j'ai eu une discussion à ce sujet avec Anna Polina (actrice porno depuis dix ans), durant laquelle je lui disais que je trouverais ça bien qu'il y ait écrit, à chaque début de film X, qu'il s'agit d'une fiction, pour inviter les spectateurs à mettre une distance avec ce qu'ils regardent. Et j'ai trouvé sa réponse assez juste.

Elle me disait qu'elle n'avait jamais vu dans des films classiques (comédie, romantique, action...) écrit « fiction » au début du film, alors qu'il s'agissait d'une fiction tout autant que pour un film pornographique. Par exemple, quand on regarde Charlize Theron dans *Mad Max*, on est contemplatif. On regarde son jeu, les scènes d'action, etc., sans pour autant vouloir reproduire ce qu'elle fait.

Pourquoi ne serait-ce pas pareil dans le porno ?

Je ne suis pas du tout contre les films X, ça permet de regarder certains fantasmes que tu n'as pas envie de réaliser, d'en découvrir d'autres, de passer un temps avec toi, de pimenter ta/votre vie sexuelle... Mais il est important de mettre une distance avec ta vie et de ne pas chercher à reproduire ces performances qui, en réalité, n'existent pas. Il me semble primordial de se connaître et d'apprendre à découvrir ses envies et ses besoins seul.

Plus jeune, j'ai douté de mon orientation sexuelle. Je croyais aimer les garçons et être attirée par les filles. Ça me tracassait beaucoup parce que je n'arrivais pas à comprendre pourquoi, et surtout, parce que j'avais honte de pouvoir aimer quelqu'un du même sexe que moi. J'avais honte parce que, quand j'osais en parler, les remarques fusaient et la gêne se faisait sentir. Tout ça n'a pas duré longtemps. J'ai su naturellement vers quel sexe j'étais attirée, mais ça a suffi à me mettre le doute. Je crois qu'on se cherche tous plus ou moins à l'adolescence, et il n'y a, bien sûr, aucun mal à ça. Parfois on se découvre hétérosexuel, homosexuel, asexuel, bisexuel, transgenre, androsexuel, pansexuel... Il n'y a toujours aucun mal à cela.

Le mal qu'il peut y avoir, c'est toi et ton regard. Et je sais à quel point il est parfois difficile pour certaines personnes d'assumer leur homosexualité, par exemple. Il est souvent question du regard de l'autre (généralement celui de la famille), de la peur de ne pas être accepté tel que l'on est, ou encore celle de s'être trompé de direction.

Bon, déjà que ce soit clair : on ne choisit pas sa sexualité. On ne se lève pas un matin en se disant : « Hey tiens, si je devenais bisexuelle ?! » Si tu es attiré par les hommes, les femmes, les deux, rien du tout... Ce n'est pas quelque chose que l'on choisit ou que l'on devient. Je pense que le jour où tu comprendras que ce n'est pas un choix (comme être grand ou petit), tu seras capable de t'accepter pleinement et sans réserve.

Il en va de même pour ce genre de phrase que j'ai entendue tant de fois : « Je crois que je ne suis pas normal. » Comme je le disais plus haut, il n'y a pas de normalité dans le sexe ou dans nos attirances. Disons plutôt que ça peut en surprendre certains parce que ça ne rentre pas dans leurs critères, et/ou parce que c'est quelque chose qu'ils ne veulent pas pour eux (bien que ça m'échappe complètement !). Et puis, il y a ceux qui ne supportent pas que leur enfant, cousin, collègue soit homosexuel, bi... Pour ma part, j'essaie de me dire que si pour eux, il est inconcevable qu'il y ait des gays, lesbiennes, asexuels dans le monde ou dans leur entourage, c'est que ça les renvoie à eux et à leur incapacité à s'ouvrir à des choses qu'ils ne connaissent pas. Et ça, en vrai, ça ne me regarde pas. Je n'ai pas à subir leur manque d'ouverture d'esprit et leur manque de bienveillance.

Alors oui, je ne suis pas lesbienne ni bisexuelle, mais je ne veux pas avoir des gens dans ma vie qui ont des pensées si arrêtées sur les choses, sur les autres et leur sexualité.

J'imagine combien il doit être difficile de faire face à des gens comme ça, notamment des parents. Mais encore une fois, si toi tu te sens bien et épanoui dans ta sexualité (quelle qu'elle soit) mais que ça dérange les autres, questionne-toi : Est-ce que cette relation me convient ? Est-ce que j'ai envie d'entretenir des liens avec eux ?

Je ne dis pas qu'il faut rompre toutes relations, mais plutôt qu'il faut mettre une distance émotionnelle. Parce que oui, *breaking news* : on ne vit pas pour les autres mais pour soi. Et parfois il faut passer par ce genre d'étapes, qui sont vachement douloureuses, pour être en accord avec soi.

Le changement ne viendra jamais de l'autre mais de soi, du moins il ne faut pas attendre que l'autre change... Tu vois, je crois que là aussi on peut parler de sortir de sa zone de confort. Pour certaines personnes, il est inconcevable que leurs enfants aient une sexualité différente de la leur (bonjour le transfert), alors dans ce cas-là, c'est à toi de sortir de ta zone de confort pour oser vivre la life comme tu l'entends, affronter tes parents (ou autres), et dire que ça ne te convient pas. Quelque part je crois qu'il est aussi question de non-considération lorsque les gens n'acceptent pas notre sexualité, et qu'il est d'autant plus important de se faire entendre (de se faire voir pour d'autres).

Je reçois tellement de messages de personnes qui me disent vouloir changer de sexualité pour que leurs parents n'aient pas honte d'elles, ou bien se cacher parce qu'elles ont peur de l'avis de leurs proches, ou encore douter de leur attirance sexuelle parce que leurs parents leur ont bien fait comprendre que « c'est contre nature ».

Non, ça suffit ! On n'a pas à supporter ni à subir les croyances et les pensées rétrécies des autres. Notre sexualité nous appartient et il est hors de question d'en changer pour faire plaisir aux autres.

Et puis surtout :

Il n'est jamais trop tard pour apprendre à se faire du bien.

Thomas

— 33 ANS —

Serveur

« Pourquoi avoir couché avec beaucoup de femmes ? Qu'est-ce que ça t'a apporté et pourquoi t'as arrêté ? »

Le désir est né très tôt chez moi, dès la 6e je pense. Les premières années je n'étais pas plus attiré par les filles que mes copains, quoique... En grandissant, j'ai remarqué que si beaucoup d'entre eux aimaient flirter ou commençaient à coucher, moi j'ai très tôt eu un comportement anormal. L'analyse que j'en fais aujourd'hui : c'est que cette façon assoiffée que j'avais quand je commençais un rapport, je l'ai gardée longtemps, très longtemps. C'est très comparable à de la boulimie.

Mon cerveau s'éteignait et à la place on avait presque un animal en rut.

J'étais mignon, alors ça passait. Heureusement pour moi que ces rapports étaient consentis. Enfin peut-être qu'un jour j'apprendrai que cette manière agressive et sauvage frisait l'agression... Je ne sais pas, j'espère que non, sinon quelle honte... Bref. Ce type de comportement quand t'es jeune ça passe, car t'es un peu tout-fou. Sauf que moi ça m'a suivi jusqu'à mes 30 ans au moins. J'ai enchaîné les rapports ; avec beaucoup, beaucoup de partenaires différentes déjà, car la quantité c'était très important, parfois à plusieurs en même temps et aussi, et surtout, plus c'était interdit plus ça me rendait dingue. La perversité, ils appellent ça. Oui, je crois que je me suis senti pervers. Derrière mon visage agréable il y avait quelqu'un qui voulait « faire du sale ». Je ne pense pas que ça m'apportait quelque chose. Ça compensait, ça oui. Comme la bouffe pour certains. De mes 9 ans à mes 33 ans, j'étais tellement mal dans ma peau ! Toutes ces années j'ai vu grandir en moi le dégoût de ma personne. J'avais l'impression d'être un raté, pire, d'être « à peu près » quelqu'un. J'étais tellement mal en moi. Le pire, c'est qu'en devenant adulte, je me suis créé un personnage complètement *fake*. Une espèce de beau jeune homme quasiment parfait en apparence, mais complètement fébrile à l'intérieur. Et ce mensonge, j'y ai cru. Je n'étais plus moi-même.

Avec si peu de confiance en soi et autant de déni, le rapport à l'autre est faussé. Il me fallait de la quantité parce que ça rassurait mon ego superficiel. Mais aussi parce que quand tu changes souvent de partenaires, elles n'ont pas l'occasion de découvrir qui tu es vraiment.

J'étais obsédé par les relations interdites, car elles pouvaient me donner l'impression que j'étais irrésistible, que même des liens familiaux ne pouvaient rien contre mon pouvoir ; et ça contrebalançait avec la piètre image que j'avais de moi. Et puis un jour tout a explosé. J'ai fait une crise, un burn-out, une dépression. Une dépression dans le corps, au niveau du ventre, mais aussi de grandes crises d'angoisse. Ça m'a fait très peur. Mais cette épreuve m'a permis de faire un énorme travail sur moi. Dans lequel je me suis complètement retrouvé, accepté, pardonné et enfin aimé. Mes rapports sont devenus mon rapport, avec la personne avec qui je vis aujourd'hui, et avec laquelle j'ai un enfant. Mes compulsions sont devenues des petits fantasmes intérieurs qui font sourire, mais qui ne me poussent plus à l'acte aujourd'hui. Car je me sens plein, équilibré, et mon corps est satisfait par ce qu'il a et ce qu'il est.

Et toi, alors ?

♥ *Te sens-tu épanoui(e) dans ta sexualité ? Pourquoi ?*

♥ *Quelle est ta définition de « faire l'amour » ?*

Quelle image projettes-tu quand tu penses au sexe ?

Que représente la pornographie à tes yeux ?

♥ *Arrives-tu à mettre une distance avec les films X ?*

♥ *Pour toi, est-ce que la sexualité est genrée ?*

♥ *Te sens-tu concerné(e) par la sexualité des autres ? Pourquoi ?*

♥ *Est-ce que la sexualité est importante à tes yeux ?*

♥ *Est-ce que c'est la base d'un couple ?*

♥ *Parles-tu de tes fantasmes et de tes envies avec ton/ta partenaire ?*

♥ *Te sens-tu à l'aise avec ta sexualité ?*

♥ *Penses-tu que sexualité rime avec liberté ? Pourquoi ?*

♥ *Écris une envie que tu souhaites réaliser dans ta sexualité :*

♥ ***Ta vision de la sexualité en quelques mots :***

Partage

découverte

lâcher-prise

plénitude

liberté

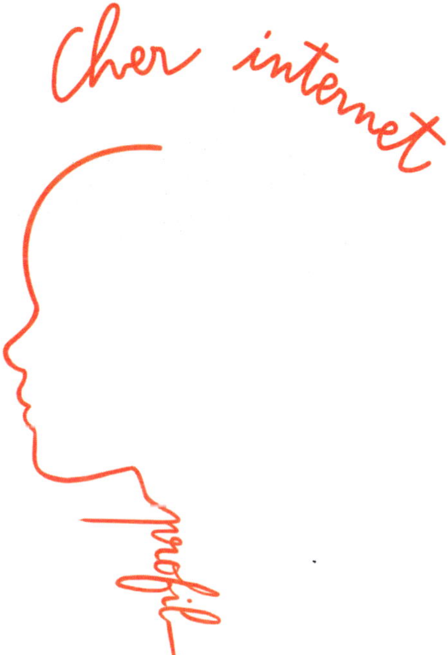
Cher internet
profil

rencontre
liberté
créativité
partage
inspiration

INTERNET

Définition du dictionnaire : Internet est le réseau informatique mondial et accessible au public.

Ma définition : La plus grande place d'expression du monde.

Pourquoi parler d'Internet alors qu'on parle de soi ? Effectivement on peut se poser la question, mais sachant que nous vivons tous (ou presque) dans un monde où Internet est au centre de nos vies, je pense qu'il peut avoir un impact sur nos comportements et nos actions. J'en suis même persuadée. De plus, ça fait partie de ma vie de façon inhérente, puisque mon métier se déroule sur Internet.

Il y a trois ans, lorsque j'ai commencé à poster des vidéos où je me mettais en scène détournant des tutoriels beauté, je n'avais jamais pensé au fait que ça pouvait devenir mon métier. Maintenant, plus de 500 000 personnes me « suivent » sur les réseaux sociaux, et je peux te le dire, putain, ça fait tout drôle. Ça fait tout drôle de se dire que dans ma petite vie, mon entourage se compte sur les doigts d'une main, mais qu'autant de monde suit mon travail. Ça fait tout drôle, parce que tout ça n'est pas palpable et que c'est difficile d'imaginer que mon travail puisse plaire autant. Quand tu passes plus de dix ans à faire de la musique, à vouloir être reconnu pour ton implication, ton travail, et que tu galères bien comme il faut, ouais c'est assez vertigineux. Très vite je voulais avoir plus d'abonnés, encore et encore, parce que ça faisait du bien à mon ego. Puis j'ai commencé à rencontrer des gens qui faisaient partie de ce milieu, des « youtubeurs » comme on dit. Rapidement, j'ai eu à me confronter à certains d'entre eux qui ne parlaient que d'argent, et de « T'as combien d'abonnés toi ? ».

Ça me mettait relativement mal à l'aise, moi qui, pourtant, ne cherchais qu'à avoir toujours plus de monde sur ma page Facebook. Plutôt contradictoire, n'est-ce pas ? Plus j'étais invitée à des événements, plus j'étais mal à l'aise. C'était un monde que je ne connaissais pas encore et qui était plutôt loin de ma vie d'avant. Je voyais tous ces gens scotchés à leur téléphone, aux likes qu'ils attendaient pour leurs photos, aux regards en coin remplis de jugement, aux comparaisons du nombre d'abonnés des uns et des autres... Bien sûr, il n'y a pas que des personnes comme ça, mais c'est ce qui m'a frappée tout de suite. Comme si tout n'était qu'une histoire de quantité, de « k » comme on dit, parce que c'est bien d'en avoir plus que les autres. Comme si c'était ce qui nous définissait. Des « k ». Je sais, ça dresse un tableau pas hyper joli, mais faut en prendre conscience, ça fait aussi partie de ce milieu-là. Et d'ailleurs, ce ne sont pas que des créateurs / youtubeurs / influenceurs qui pensent comme ça. Très souvent, je me retrouve avec des amis qui ne développent pas leur boulot sur Internet, mais qui sont aussi dans cette quête du like.

C'est terrible, parce qu'on se retrouve à être beaucoup dans cette situation, comme si notre amour et notre reconnaissance, ou celles de nos proches ne suffisaient plus. Moi-même je me sens prise en otage. Même si j'arrive à mettre une certaine limite et distance aux likes, je m'identifie à ce que j'écris. Bah ouais, parfois ça me fait chier quand je vois que j'ai moins de likes pour une photo que je l'aurais voulu. Je ne poste pas des vidéos et des photos pour ça ou pour les vues, mais soyons honnêtes, c'est aussi important pour nous, en tant que vidéastes, que notre travail soit reconnu, et ça nous permet de savoir si notre contenu est regardé et apprécié. Maintenant, j'arrive à faire la distinction entre « Ça fait du bien à mon ego » et « Ça m'aide à savoir si mon travail plaît ». Mais franchement, ça n'a pas été évident de le faire, j'avais tendance à tout regrouper dans le même panier.

Pour être honnête encore une fois, parfois je poste des photos pour venir rassurer mon manque d'amour en moi, ou juste parce que j'ai envie qu'on me dise que je suis belle. Mais ça, ça relève encore du regard des autres, de leur approbation, et d'un besoin d'exister aux yeux des autres... ce qui est très paradoxal. Notre ego est mis à rude épreuve en permanence et il est, à mon sens, au cœur des réseaux sociaux. Je ne sais pas pour toi, mais de me dire qu'il suffit d'un clic pour aimer quelqu'un, bah parfois ça me fout le vertige. Je sais que ça paraît too much dit comme ça, mais franchement, qui poste des photos de soi, de ses vacances, de son petit déjeuner, juste pour soi ? PER-SON-NE. Sinon, autant les garder pour soi.

Internet est un moyen super pour être créatif, inventif, inspirant, curieux... Mais il faut, à mon sens, en connaître ses limites, sinon on se laisse envahir par l'avis des autres et on en vient à ne vivre que pour ça. Rentrer dans la vie des gens sur Instagram, ou partout ailleurs, n'est pas très compliqué, il suffit de deux clics pour avoir accès à l'autre. Clairement ça fait du bien quand tu veux te vider la tête, dans la salle d'attente de ton médecin, ou encore sur tes chiottes, moi-même je le fais. Mais n'oublions pas que c'est purement du voyeurisme de notre part, que l'autre met en place et que nous validons. En soi, il n'y a aucun mal à cela, si là aussi, tu arrives à y mettre de la distance et que tu ne te laisses pas happer par ça. Tout est OK à partir du moment où tu sais te dire « Stop, point trop n'en faut ». Comme pour la télé, comme pour les clopes, comme pour tout ! Et là est toute la difficulté ! Dire « stop ». Le matin et le soir je me retrouve très souvent à passer plus d'une heure dans mon lit, à regarder ce qu'il se passe dans mon téléphone, sur Instagram ou sur Facebook. Pas comme si j'avais peur de manquer quelque chose, une actualité, un gossip... Non, c'est plutôt un moment que je prends pour ne penser à rien et très clairement glander, sauf que je suis tout à fait consciente que ça ne me fait pas forcément du bien et que, en vrai, je n'apprends jamais rien. Je ne dis pas qu'il faut arrêter de glander

Notre ego
est au coeur
des réseaux
sociaux.

hein, perso j'adore ça et j'en ai besoin pour me requinquer, mais essayons d'utiliser ces moments-là de manière peut-être un peu plus pertinente. J'essaie de me fixer un ou deux jours dans la semaine durant lesquels je ne regarde pas trop mon téléphone. Sans parler de « digital detox » comme on aime à le dire, je le garde à proximité au cas où je reçois un appel ou un message important, mais je ne regarde pas ce qu'il se passe sur les réseaux sociaux. Et franchement, je suis beaucoup plus créative ! On est devenus complètement dépendants de nos téléphones, et depuis qu'on a accès à Internet, je trouve que l'on a perdu en relation humaine. Dès qu'on a deux minutes, on sort notre téléphone, on regarde si on nous a likés, s'il y a eu des nouvelles photos postées, des commentaires envoyés, une info croustillante...

Je suis sûre que t'as déjà vu des groupes de potes au resto qui ne se parlent pas parce qu'ils sont tous obnubilés par leur téléphone. Et dès que je vois ça, ça me fout une vague de tristesse et de peur, parce que ça raconte quand même quelque chose d'hyper fort : on préfère passer du temps à regarder ce qu'il se passe sur Instagram plutôt que d'échanger entre nous. Je te parle pas de ces cinq minutes qu'on prend pour checker rapidement son tél, ou pour répondre à un truc important, mais vraiment de favoriser son téléphone au détriment de l'autre. Je dis « on » parce que là aussi, je veux être honnête, je l'ai déjà fait, et je suis sûre que toi aussi si tu y réfléchis bien.

Outre le fait que le rapport humain passe parfois au second plan, quelque chose est assez nouveau dans chacune de nos vies : on ne s'ennuie plus. On ne prend plus le temps de s'ennuyer, puisque de toute façon Internet n'est jamais loin et peut nous divertir quoi qu'il arrive. C'est quand même fou de se dire ça, non ? Par exemple : on commande un Uber, il arrive dans cinq minutes, et au lieu de l'attendre et de regarder les gens autour de nous, ou de réfléchir à des choses, hop, on prend notre téléphone et on « passe le temps ». C'est dingue, non ?

Je sais pas… Je suis peut-être la seule à me dire qu'on est devenus complètement dépendants et parfois otages de nos smartphones et d'Internet, et qu'on ne fait plus rien sans eux. Je ne dis pas que c'est bien ou mal, mais c'est un fait. Et là encore, on est maîtres de nos choix. Je ne dis pas qu'il faut que ce soit tout blanc ou tout noir, et quand bien même, tu fais ce que tu veux. Je dis juste que c'est important de se demander si ça nous convient ou pas. Je dis « tu » mais je parle tout autant pour moi. Et ça va deux minutes de toujours juger et de se plaindre des gens qui font ça, si toi aussi tu le fais. Si ça ne te convient pas, arrête et sois en accord avec ce que tu penses.

Sur Internet, il y a ce qu'on appelle « les haters ». En gros, ce sont ceux qui insultent et déversent leur haine à tout-va. Dès qu'on met un pied sur les réseaux sociaux et qu'on s'y exprime, on s'expose aux critiques, dont certains haters se font une spécialité. Elles sont plus ou moins intelligentes, plus ou moins constructives, et aussi plus ou moins amusantes à lire. Et depuis que je fais des vidéos, c'est-à-dire trois ans, je suis LA cible parfaite pour eux. Je suis une femme, blonde, grosse, qui fait de l'humour, avec une voix insupportable, et qui parle de sujets qu'on n'aborde jamais sur Internet. Ah oui, et aussi, je suis féministe et je parle assez souvent de sexualité. Autant te dire que je suis du pain bénit pour eux. Dès qu'une personne ne va pas dans le sens du hater, hop, il dégaine sa panoplie de phrases chocs, toutes plus virulentes les unes que les autres, et vomit sa haine. T'imagines bien que je reçois quasi quotidiennement des petits messages d'eux. Ça peut aller d'un « T'es vraiment grosse » à un « Tu veux pas te suicider pour voir ? Ce serait sympa ! » Une fois, je me suis retrouvée devant plus de 500 personnes qui venaient de laisser des commentaires hyper hardcore sous une de mes vidéos. Les messages défilaient et la haine était au cœur de leur propos.

Alors comment gérer ça ?

J'en parlais dans le chapitre sur le regard des autres, je pense qu'il est question de projection et d'amour de soi. Si l'autre est amené à venir m'insulter et/ou me critiquer, c'est que quelque part une frustration est présente chez lui ou elle. Quelque part, l'estime qu'il/elle se porte n'est pas très présente, et il/elle préfère déverser sur l'autre toute sa représentation (certainement inconsciente). Il y a, à mon sens, une certaine forme de jalousie inavouée qui se fait sentir par ses insultes. Jalousie d'un succès, d'une culture, d'une manière de parler... Ce n'est pas forcément une jalousie de l'autre mais d'un fait. Et en pensant ainsi, en trouvant des explications aux réactions de ces haters, je me sens plus calme et donc moins attaquée. Peut-être que c'est purement une protection que je me suis construite et donc des explications inventées, mais ça me permet de mettre de la distance avec leurs propos et d'être moins touchée. Bien sûr, ce n'est jamais agréable de lire des choses négatives sur soi, c'est clair, mais si ça me blesse, c'est que ça vient pointer quelque chose en moi qui n'est pas réglé, ou bien parce que ça vient me raconter quelque chose.

Exemple : si on me traite de raciste, ça me fait sortir de mes gonds parce qu'il m'est insupportable de m'imaginer comme telle. Parfois il m'arrive de leur répondre d'une manière inattendue : en allant dans leur sens.

Le hater. — Olalalala t'es tellement pas drôle que ça en devient gênant !

Moi. — Olalala mais grave je suis tellement d'accord avec toi !

Et là, il n'y a plus personne. Ça montre bien que leur intérêt est de juste venir faire mal, de balancer leur petite bombe et de partir. Alors bon... Est-ce une bonne chose de s'y attarder ? Je l'ai fait, j'ai même essayé de parler avec eux pour comprendre ce qu'ils cherchaient et pourquoi ils prenaient autant de temps et d'énergie à insulter les gens. Mais bien sûr, mes messages sont restés sans réponses.

Dire que tout ça n'arriverait pas dans la vraie vie n'est, à mon sens, pas une bonne réponse, puisque Internet et les réseaux sociaux font littéralement partie de notre vraie vie. J'aime à dire que le monde virtuel n'existe pas et qu'il est « simplement » un nouveau moyen de communiquer. Nous sommes tous de vraies personnes pianotant sur nos vrais téléphones et ordinateurs, pour que nos vraies pensées, et parfois nos vraies actions malveillantes et/ou bienveillantes, se retrouvent face aux yeux d'autres vraies personnes. La seule différence qu'il peut y avoir, c'est qu'Internet nous amène plus facilement à nous retrouver seuls devant un écran, et à interpréter bien plus fort les dires des uns et des autres. Dans la vraie vie, per-

sonne n'est venu me dire que je devrais me suicider parce que je ne suis pas drôle. Il est bien évidemment plus facile de le faire sur Internet, puisque cette notion de fuite et de « tu sais pas qui je suis » est plus abordable. Mais ce n'est pas parce que sur Internet il est plus facile d'insulter que c'est forcément moins agréable à lire. Heureusement, mon expérience sur Internet ne s'arrête pas qu'à ça !

Depuis que je fais des vidéos, j'ai développé ma créativité de manière fulgurante. J'ai tout le temps des idées de vidéos, de photos, de nouveaux projets, qui m'excitent tous plus les uns que les autres. J'ai envie de me challenger dans mes réalisations, de me dépasser dans mon jeu et d'explorer des univers que je ne connais pas encore. J'ai aussi appris à libérer ma parole, à devenir beaucoup plus curieuse, à m'affranchir de certaines de mes peurs, à me remettre en question, à écouter mon instinct, à faire de magnifiques rencontres, à oser sortir de ma zone de confort, à écrire ce livre, à être mon propre boss, à ne plus avoir honte de montrer ma vulnérabilité, à assumer ma part de féminité et de masculinité, à découvrir ce qu'est le féminisme, à ne plus dépendre de l'avis des autres, à vouloir partager mes émotions et mes pensées sur ce qui me touche, à me rendre compte que oui, je suis courageuse, à me sentir libre dans ma créativité et à ne plus me mettre de barrières. Depuis que je fais des vidéos, j'ai découvert la capacité des gens à être bienveillants avec ceux qui les entourent et avec moi. Des personnes remplies d'amour, d'honnêteté et de fidélité. Sur qui, d'une certaine manière, je peux compter. Des gens qui ne rejoignent pas toujours mes pensées et avec qui j'échange sur nos désaccords, des personnes qui aiment mon travail et qui me donnent l'envie de continuer, pour elles.

Gaëlle Garcia Diaz

— 30 ANS —

Youtubeuse / entrepreneuse

« En tant que youtubeuse, tu es très exposée sur Internet. Comment arrives-tu à différencier la réalité de la fiction d'Internet ? »

Je ne pense pas qu'Internet soit réellement une fiction, mais plutôt la vie sous le prisme des émotions qu'on décide de véhiculer. Il est le reflet d'une partie de ce que nous sommes. Internet est une sorte de serviette hygiénique qui contrôle nos flux. Quand j'ai une tête dégueulasse, j'évite d'envoyer mon visage démonté par une nuit compliquée sur les réseaux sociaux.

Toutefois, j'ai suffisamment exposé ma personnalité pour que ceux qui me suivent depuis longtemps soient conscients de la femme que je suis réellement. Ceux qui auront pu lire entre les lignes, qui auront pris le temps d'entendre ce que je susurre sans se contenter d'écouter ce que je peux parfois crier.

Certes, j'ai créé un personnage qui jongle avec la vulgarité presque maîtrisée et saupoudrée de « bite » et de « tchoin ». Mais derrière cette femme trash et cash, qui bouscule l'association de la bien-pensance et la communauté des prudes du Web, demeure Gaëlle Garcia Diaz qui – même si elle ne semble exposer qu'une hypothétique grosse paire de burnes – possède aussi une certaine forme de sensibilité.

Différencier Internet de la réalité n'est pas forcément compliqué pour moi, mais ça l'est pour ceux qui ne me suivent que sporadiquement et qui imaginent que je suis 24h/24 telle que je peux l'être durant les maigres sept minutes de vidéo Youtube.

Quant à cette audience qui n'a cessé d'augmenter ces derniers mois, l'idée d'imaginer qu'il y ait de plus en plus de gens qui me suivent, m'écoutent, me regardent, a un côté effrayant et grisant à la fois.

Il faut réussir à ne pas soudainement contrôler son image à outrance pour éviter de perdre l'essence même de ce qui a pu plaire... tout en restant prudent. Nos mots sont analysés, nos erreurs sont exterminées. Quand une communauté s'agrandit, les faux pas sont interdits. Et, étant spontanée de nature, je risque encore de me faire exploser les gencives à de maintes reprises.

« Comment gères-tu les commentaires négatifs ? »

Un simple commentaire négatif se gère avec patience et distance, ce n'est pas forcément douloureux. Le souci, c'est qu'il existe plusieurs degrés de violence dans un message qui ne se veut pas chaleureux. Et c'est quand celui-ci atteint son sommet de virulence que la gestion calme et douce se transforme en une réelle maîtrise de ses émotions.

On sait, et on accepte, que l'exposition de notre vie ouvre indéniablement les vannes des possibles diarrhées verbales que beaucoup n'hésitent pas à déverser sur nos différents réseaux sociaux.

C'est le jeu. Au début, on les lit, on en rit. Certains commentaires sont durs mais bien écrits, limite constructifs et instructifs. Ceux-là, on les prend, on les garde dans un coin de notre cerveau et, parfois inconsciemment, on finit par corriger les défauts remarqués.

Puis il y a les autres. D'une gentille gestion, on passe à la douloureuse digestion.

On bouffe des critiques qu'on vous fourre au fond de la gorge, et ce sans filtre. Parfois, vous fuyez les commentaires mais votre communauté se pensant bienveillante vous relaie ces messages qui les offusquent eux aussi, et vous avez dès lors deux possibilités.

Soit vous vous mettez en boule et vous vous laissez rouler jusqu'au premier fossé en suppliant vos proches de vous laisser mourir au milieu des canettes vides et des rats qui vous titillent les pommettes avant de pénétrer votre âme. Soit vous décidez de répondre. Et c'est là que le contrôle total des mots est primordial. Quand ça me touche réellement, je présente alors sincèrement mes excuses, ce n'est pas forcément le plus facile à faire, mais c'est important de recadrer les choses et d'avouer qu'on a peut-être exagéré ou dérapé.

Par contre, quand je trouve le commentaire déplacé, gratuitement violent et presque destructeur, je peux devenir grinçante, pinçante et ironique. L'objectif n'est pas de prendre le dessus sur celui qui tente de vous descendre, mais de faire comprendre que ce n'est pas parce qu'un écran nous sépare qu'on peut décemment tout se permettre. Mais comme dit plus haut, c'est le jeu. Quand on s'exprime, on provoque des émotions différentes, et il vaut mieux éveiller les esprits que les endormir.

Et toi, alors ?

♥ *Te sens-tu dépendant(e) d'Internet ?*

♥ *Arrives-tu à mettre une distance avec ce que tu vois sur les réseaux sociaux ? Pourquoi ?*

♥ *Te sens-tu plus seul(e) depuis que tu es sur les réseaux sociaux ?*

As-tu l'impression que ta consommation des réseaux sociaux est saine ? Pourquoi ?

Ressens-tu le besoin de montrer ta vie sur les réseaux ?

Qu'est-ce qui te met en colère sur Internet ?

♥ *Qu'est-ce que tu recherches sur les réseaux sociaux ?*

♥ *Supprime tes applications préférées pendant une journée. Décris comment tu te sens et ce que tu en conclus :*

♥ *Qu'est-ce qui a changé dans ta vie depuis que tu utilises Internet ?*

♥ *Trouves-tu qu'Internet peut être dangereux ? Pourquoi ?*

♥ *Quelles sont les personnes que tu suis sur les réseaux sociaux et qui te font du bien ?*

♥ *As-tu envie d'exercer un travail en lien avec Internet ? Si oui, lequel et pourquoi ?*

♥ *Comment imagines-tu Internet dans dix ans ?*

Qu'est-ce que tu ne fais pas, mais que tu as envie de développer sur Internet ?

LE PARTAGE 2.0

Chère bienveillance

LA BIENVEILLANCE

Définition du dictionnaire : Disposition d'esprit inclinant à la compréhension, à l'indulgence envers autrui.

Ma définition : S'approcher avec douceur et s'aimer de manière inconditionnelle.

Cela fait maintenant plusieurs semaines que je bloque sur ce chapitre. J'écris puis j'efface, comme si quelque part, j'avais décidé que la bienveillance ne ferait pas partie de ma vie… En me mettant face à cette page blanche, j'ai essayé de repenser à des souvenirs qui pourraient m'aider à débuter un récit, mais impossible de trouver un moment, ne serait-ce qu'un minuscule moment, où j'ai été bienveillante avec moi. Plus le temps passe et plus on me dit que je suis dure avec moi-même. C'est vrai. Je ne me pardonne rien, et je m'en veux lorsque que je ne « réussis » pas. L'autoflagellation fait partie de mon quotidien et je crois qu'il n'y a pas une journée où je m'accorde du répit. Alors oui, ce n'est pas évident de trouver des moments où j'aurais pu être douce et bienveillante envers moi. J'ai toujours eu cette sensation de ne pas mériter, de ne pas faire suffisamment, d'être faible ou lâche, et il y a constamment cet instant où je me rabaisse, quoi qu'il arrive. J'arrive à trouver de la négativité, un point noir, même quand il s'agit de quelque chose de bon et fort ; je remarque toujours là où j'ai fauté. Comme si quelque part, je ne voulais pas briller. On s'entend quand je dis briller. Il est bien évidemment plus facile de pointer le négatif et de le ressentir. L'accès y est rapide, et c'est un peu une sorte de fuite (pour moi). Alors que pour atteindre le positif, le chemin est, je trouve, beaucoup plus long. Se féliciter avec gratitude, se valoriser, s'estimer à sa juste valeur, se considérer avec bienveillance, s'encourager… Il s'agit alors de cette sensation d'amour profond pour soi, de conscience et de reconnaissance. Simplement, s'estimer. Alors, on, ou plutôt je préfère m'aventurer sur un terrain que je connais bien : l'autoflagellation. Dans la psychanalyse, on appelle ça « jouir de son symptôme ». Et visiblement, je suis la reine pour ça, parce que je crois que quelque part, ça me rassure. Mais me rassurer de quoi ? Je ne sais pas encore...

En septembre 2018, j'ai entrepris un parcours pour une opération bariatrique. Une sleeve, plus exactement. C'est une opération destinée aux personnes qui sont en obésité sévère ou morbide pour les aider à perdre du poids. Notre estomac est coupé pour atteindre la taille de l'estomac d'un enfant, la taille d'un pot de yaourt en somme.

J'avais décidé de faire cette opération, bien que je la critique depuis longtemps, suite à un état des lieux de mon corps et de la manière dont je le traitais. À 30 ans, je n'ai jamais pesé aussi lourd et je commençais à me sentir dans une impasse. Je n'avais pas envie de devenir obèse (bien que je le sois d'après le corps médical), au point de ne pas pouvoir marcher, ou faire mes lacets sans que cela devienne une corvée. Je n'avais pas non plus envie de me priver, de ne plus pouvoir manger ce que je veux, et de ressentir de la frustration. Après avoir fait des centaines de régimes, vu des dizaines de nutritionnistes, été plus de huit mois dans un centre d'amaigrissement, je pensais qu'il fallait que je passe par là, que c'était la seule solution pour me sentir plus légère dans tous les sens du terme. Se sont alors enchaînés, pendant plus de six mois, des rendez-vous avec des cardiologues, diététiciens, psychologues, gastro-entérologues, chirurgienne... Je fonçais tête baissée en étant convaincue que c'est ce qu'il me fallait. Au moment où j'ai appris la date de l'opération, je suis rentrée dans une sorte de tunnel. J'ai mangé comme je n'avais jamais mangé auparavant. Je voulais me faire plaisir, sachant que je ne pourrais plus jamais manger comme ça, et je me suis lâchée, laissée aller. Pendant trois semaines, je n'écoutais plus uniquement mes envies, mais j'écoutais cette boulimie de gras et de sucre.

C'est quand
on est
bienveillant
avec soi,
qu'on apprend
à s'aimer.

Une autre façon de se flageller en quelque sorte... J'engloutissais tout ce que je pouvais trouver d'appétissant en me faisant du mal. Je ne me faisais pas vomir, je n'essayais d'ailleurs même pas, juste, je mangeais. Beaucoup. Beaucoup trop. La notion de plaisir n'était même plus de la partie et le regard des autres commençait à me peser (hahaha, quelle belle métaphore !). J'étais en train de tester mes limites, et en même temps, le dégoût n'était pas très loin.

Nous sommes le 13 mars 2019, je suis à la clinique, lavée, habillée d'une blouse bleue, avec des bas de contention, une charlotte sur la tête, allongée dans un lit, et mon amoureux à côté de moi. Il est 11 heures et l'intervention est prévue pour 16 heures. C'est long cinq heures. Cinq heures d'attente, où je me sens d'un calme plutôt surprenant, mais en même temps, je me questionne beaucoup. Est-ce la bonne chose à faire ? Est-ce que je vais avoir mal ? Est-ce que je vais m'habituer à ce nouveau corps ?

Cinq heures plus tard, le brancardier arrive sans prévenir, et c'est parti. Le stress monte, je bégaie, mes pensées s'éparpillent, je m'allonge sur le brancard, mon amoureux me sourit en guise d'encouragement, et je fonds en larmes de peur de mourir et de souffrir. Un dernier « je t'aime » lâché aux portes de l'ascenseur et me voilà partie.

Un homme que je ne connais pas essaye de me rassurer, sauf que ça ne marche pas. Je me sens comme une patiente de plus qu'il voit pleurer et qu'il tente de consoler avec ces mots complètement inappropriés : « Ça va bien se passer, ma petite dame, ne vous inquiétez pas ! » J'avais envie de le baffer.

J'arrive au bloc, le brancard s'avance dans un long couloir que je visualise comme le couloir de la mort. Bizarrement. Toujours en larmes, je constate qu'on s'arrête devant la salle d'opération. L'anesthésiste vient me rassurer, ses mots me font du bien mais je sens tout de même que quelque chose ne va pas. La chirurgienne arrive, je pleure comme un bébé qui mâche ses mots et avale sa morve. Elle me montre le bloc en m'expliquant comment l'intervention va se dérouler et je me visualise sur cette table. Ça ne me va pas. Je tremble de peur, des doutes m'envahissent. Elle me propose de m'installer sur la table d'opération et de me donner un petit tranquillisant pour me calmer. Je lui dis non. Je me regarde dans cette tenue, assise sur ce brancard près duquel plus de six personnes m'attendent et je prends conscience que ça ne me convient vraiment pas.

« Je ne veux pas qu'on me retire mon poids », telle a été la première phrase que j'ai sortie après plus de quinze minutes de larmes d'enfant et de bafouillages. J'étais en train de prendre conscience que je ne voulais pas que quelqu'un d'autre que moi agisse sur mon corps pour lui faire perdre du poids. Je me suis arrêtée de pleurer brusquement et d'un ton énervé j'ai dit : « Je ne veux pas me faire opérer parce que je suis grosse ! Je ne veux pas me faire retirer un bout d'estomac parce que je n'ai pas eu suffisamment de volonté pour perdre du poids. Non, ça ne me va pas. Je ne suis pas malade, je n'ai pas de problème de santé. Je ne veux pas, pas comme ça. » La chirurgienne me propose de reprendre mes esprits et de prendre un peu de temps pour réfléchir à tout ça, mais j'ai refusé. Je ne voulais pas me faire opérer. C'était décidé.

Je retourne à ma chambre et mes larmes reprennent de plus belle, car je me sens coupable et faible de ne pas avoir été jusqu'au bout. Je m'en voulais tellement, mais il m'était impossible d'y retourner. En sortant de cette clinique, j'ai pleuré sans m'arrêter pendant plus de quatre heures. C'est long quatre heures.

Je retraçais toutes les étapes de ma vie qui m'avaient menée jusqu'ici, et surtout, j'essayais de comprendre pourquoi j'avais dit « non » après six mois de démarches pour cette opération. Il a fallu que je me retrouve sur ce brancard devant le bloc opératoire, pour réaliser qu'à cet instant, je faisais preuve de bienveillance envers moi, certainement pour la première fois de ma vie.

Il n'est pas question pour moi de rester grosse, puisque ça ne me convient pas et que je ne m'aime pas dans ce corps-là. En revanche, j'ai décidé d'y aller en douceur et non de me faire violence. J'ai toujours fonctionné comme ça : être dans les extrêmes. Mais visiblement ça n'a pas vraiment porté ses fruits. J'ai donc décidé de respecter un peu plus mon corps, d'y aller tranquillement et surtout d'être bienveillante envers lui. Arrêter de le maltraiter, puisque par ce biais, je me maltraite également. Si je mets cinq ans à perdre ces 40 kilos, eh bien, je mettrais cinq ans.

Jusqu'à ce jour, je n'ai jamais mangé normalement, en mangeant de tout, en écoutant mes envies et non mes pulsions. Maintenant, c'est ce que je fais et ce n'est bien sûr pas évident tous les jours. Mes anciennes habitudes reprennent parfois le dessus, mais ce qui est en train de changer, c'est que je ne pense plus d'abord à maigrir, mais à m'aimer et m'écouter. Si j'utilise le terme « en train », c'est parce que le chemin est long, mais je suis convaincue que c'est ce qu'il me faut. Je peux me raconter toutes les histoires que je veux, mais je ne peux pas ignorer que ce qui s'est passé était uniquement lié à ma peur. Je sais que j'ai fait un acte de bienveillance envers moi, et qu'il a fallu que je me retrouve au pied du mur pour m'en rendre compte.

C'est un putain de combat que d'écouter son instinct sans tenir compte de ses peurs, de trouver la volonté en soi et de la garder. C'est un putain de combat de se vouloir du bien et d'être bienveillant envers soi.

Je parle beaucoup d'acceptation, de lâcher-prise et d'estime que l'on se porte, mais il est vrai que tant qu'on n'est pas bienveillant envers soi, on restera en surface. J'en suis l'exemple même. Je sais tout un tas de choses, mais j'ai du mal à me les appliquer. Soit parce qu'il s'agit de blessures profondes, d'habitudes qui sont là depuis toujours, ou bien simplement parce que je me refuse d'aller bien. Quant à la bienveillance, je crois qu'elle s'allie avec l'instinct, le ressenti profond, la conscience d'être, et il me semble tout de même l'écouter de plus en plus. Plus haut, je

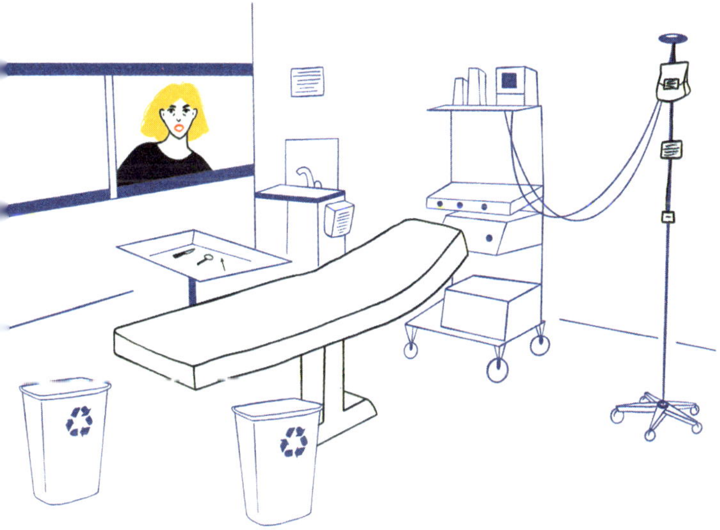

disais ne pas me souvenir avoir eu des actions bienveillantes envers moi. Et plus j'y pense, plus je me rends compte que oui.

C'est drôle, ça fait une heure que je suis en train de lister tous ces moments de bienveillance, et je réalise que j'étais juste incapable de les voir puisque les points noirs ressortaient en premier.

Je repense à ce moment où j'ai mis un terme à ma relation avec mon ancien manager, j'aurais pu être simplement fière de moi d'avoir osé lui parler et lui dire ce qui ne me convenait plus. Mais la première chose à laquelle j'ai pensé en sortant de ce rendez-vous, c'est de ne pas avoir parlé comme je le voulais, d'avoir bégayé parce que j'avais peur de sa réaction... Tout de suite, je voyais le négatif. Tu m'étonnes que je n'arrive pas à me souvenir de certains moments !

Les difficultés font partie intégrante de notre vie. Les séparations, les deuils, les problèmes d'argent, la recherche de boulot, les soucis familiaux, ou encore le sentiment grandissant de ne plus être capable de répondre aux exigences du monde qui nous entoure. Nous réagissons souvent aux difficultés de la vie par la peur, la résistance, le rejet, la mise en place de stratégies d'évitement. Quand nous avons commis une erreur ou que quelque chose se passe mal, notre première réaction consiste à nous en vouloir ou à blâmer l'autre. Notre petite voix intérieure, que j'aime appeler « juge », entre alors en piste et engendre des pensées d'autocritiques et des sentiments destructeurs. Quand on traverse des moments de peur, de solitude ou d'impuissance, il est alors impossible de se raisonner et de se consoler, bien au contraire. On s'engouffre encore plus profondément dans cette souffrance. C'est terrible ce cercle vicieux que nous n'arrivons pas à stopper. Mais il me semble que nous naissons tous avec le désir d'être heureux et nous savons, de façon innée, que nous pouvons réagir à la souffrance de manière bienveillante et responsable. Accueillir sa douleur et ses faiblesses avec chaleur et compréhension, au lieu de se montrer dur et critique envers soi-même.

Être bienveillant envers soi n'est pas une preuve d'égoïsme ou d'individualisme, il s'agit au contraire de prendre soin de soi pour pouvoir aussi prendre soin des autres. Si on se traite avec bonté et bienveillance, les autres le feront également, et inversement.

Il n'est pas question de dire bienvenue à nos « erreurs » mais plutôt d'arrêter de les critiquer et de nous flageller. Avoir de la compassion pour nous-mêmes ne diminue en rien notre élan et notre capacité à susciter notre développement. Au contraire, cela nous permet de regarder la situation dans laquelle nous sommes avec honnêteté, courage et clarté. L'autocompassion se fonde sur l'amour et non sur la peur.

On dit souvent : « Ne fais pas aux autres, ce que t'aimerais pas qu'on te fasse. » J'ai plutôt envie de dire : « Fais aux autres, ce que t'aimerais qu'on te fasse. » Ça peut paraître simple dit comme ça, mais je t'assure que si tu manifestes envers les autres autant de bienveillance qu'envers toi-même, les relations seront beaucoup plus sincères et profondes. Sans se forcer, sans se dire « il faut », mais par ressenti profond. De même pour toi-même. Je crois qu'être bienveillant avec les autres, c'est aussi les accepter tels qu'ils sont, sans avoir envie de les changer, ou qu'ils deviennent comme toi tu aimerais. Bien sûr, il ne s'agit pas de ne plus rien dire aux autres lorsque des choses ne te conviennent pas ou te déplaisent, mais plutôt d'y mettre une distance entre ce que toi tu souhaites et ce que l'autre te propose. Par exemple, j'aime faire mon lit le matin, secouer la couette et tapoter les oreillers. Ça me réveille et me met dans de bonnes conditions pour attaquer la journée. Mon mec, lui, s'en fout, ça ne l'a jamais dérangé de voir un lit pas fait. Pendant longtemps, je lui demandais de faire le lit parce que j'en avais marre que ce soit toujours moi, alors il le faisait, pour moi, mais ce n'était jamais comme j'aurais aimé. Ça a même été une petite source de disputes. J'ai compris que ça ne servait à rien de lui demander et de lui reprocher éternellement. Donc, j'ai arrêté de lui demander de faire le lit. Il ne le fait pas, mais il fait d'autres choses, et c'est aussi une forme de bienveillance que de lui laisser sa place dans notre cohabitation.

Je crois que le couple aide beaucoup pour travailler sa bienveillance envers les autres. Rester à sa place et ne pas piétiner la place de l'autre. Ça te parle ? La bienveillance rime aussi avec accepter sa vulnérabilité. Si, si, je t'assure.

L'idée que la vulnérabilité est une preuve de faiblesse est une énorme connerie. Quand on passe sa vie à se protéger de la vulnérabilité pour éviter d'être perçu comme trop émotif, on en arrive à un point où plutôt que de respecter et d'apprécier le courage et l'audace inhérents à la vulnérabilité, on laisse la peur et la gêne se transformer en jugement et en critique. C'est quand même dingue, non ? Croire que la vulnérabilité équivaut à de la faiblesse, c'est croire que le sentiment est une faiblesse. Mettre sa vie affective de côté par peur d'avoir à en payer le prix revient à s'éloigner de ses émotions réelles. Voire à s'éloigner de soi-même.

Ce que la plupart des gens ont du mal à comprendre, c'est que la vulnérabilité est également le berceau des émotions et du développement personnel. Quand on veut éclaircir ses objectifs et mener une vie plus spirituelle, la vulnérabilité est la voie à emprunter. Je sais que ça semble difficile à croire, surtout quand on a passé sa vie à penser que vulnérabilité et faiblesse étaient synonymes, mais c'est vrai. Aimer, c'est se mettre à nu sur le plan affectif. Oui, c'est effrayant et ça peut faire mal, mais peut-on imaginer de vivre sans aimer et être aimé ?

Le jour où j'ai compris que la vulnérabilité ne voulait pas dire faiblesse, ça m'a tellement libérée. C'est clair qu'il en faut du courage pour apprendre à accepter sa propre vulnérabilité, soi, mais je suis convaincue que si nous nous débarrassons de tous ces parasites, comme la peur, la honte, la faiblesse, qui nous encombrent et nous empêchent de nous approcher de nous-mêmes, la liberté n'aura plus de limites.

La vulnérabilité est synonyme de courage pour être soi.

Hélène Guyon

— 69 ANS —

Auteur / sculpteur

« Avoir eu un cancer du sein, ça a changé des choses dans le regard que tu portes sur toi, et dans tes rapports avec les autres ? »

Avant de dire si cette maladie a changé quelque chose pour moi, je voudrais m'exprimer sur les raisons qui ont pu la provoquer.

Dans ma personnalité, il y a toujours eu un trait particulier, pour ne pas dire une faille. Ce désir, ce besoin désespéré que l'on m'aime. Il est né de mon histoire et il m'a amenée à me présenter comme une source constante d'énergie. Je la croyais inépuisable, je me trompais. Je me suis sentie vidée, vampirisée, vulnérable... Je ne peux m'empêcher de penser que cette vulnérabilité a été une porte ouverte à la maladie. Sûrement pas la seule, mais une vraie brèche.

Et puis le cancer est arrivé. Je me suis battue comme une lionne. Et pour ça, j'ai dû apprendre à mieux me protéger. Avoir frôlé le pire a remis de l'ordre dans mes priorités. J'ai appris à relativiser. Je découvre chaque jour une nouvelle Hélène. Plus forte, plus lucide, plus en accord avec elle-même. Je m'aime pour ce que je suis et on m'aime pour ce que je suis. Je sais ce qui est bon pour moi et ce qui est toxique. La bienveillance est toujours là, mais avec plus de discernement. J'ai appris à dire non, à lâcher prise. À ne plus être impatiente, pour ne pas dire intrusive. À tourner la page sur des relations qui ne sonnent plus juste dans ma vie. À m'éloigner de ce qui peut me faire du mal. Mais aussi à me réjouir des amitiés vraies, celles qui me soutiennent dans ce nouveau chemin, qui ne me reprochent pas d'avoir changé, mais au contraire s'en réjouissent. Avec celles-là, les liens se sont renforcés dans la bienveillance et l'authenticité. Comme un mal pour un bien, cette soif d'amour si encombrante, celle qui m'avait affaiblie face à la maladie, la maladie l'a guérie... CQFD, la boucle est bouclée.

Le chemin est long. Ma vie oscille encore sur deux piliers fragiles. La peur de voir les handicaps présents devenir définitifs. Et puis, la séduction. Je n'avais pas prévu de devenir une amazone. Et dans mon cas, la reconstruction du sein s'annonçait très lourde, trop lourde. Alors, je dois apprivoiser ce nouveau corps et faire refleurir le désir.

La vie a gagné, et moi j'ai grandi. J'ai guéri ma plus grande blessure. Je m'aime enfin. Restons calmes, ce n'est pas au cancer que je dis merci, c'est à moi.

Et toi, alors ?

♥ *Quelle est ta définition de la bienveillance ?*

♥ *Éprouves-tu de la bienveillance envers toi ?*

♥ *As-tu la sensation de respecter tes émotions et de ne pas aller à l'encontre d'elles ? Pourquoi ?*

♥ *Traites-tu les autres avec autant de bienveillance que tu t'en accordes ? Explique pourquoi.*

....

....

....

....

....

....

....

....

♥ *As-tu déjà été bienveillant(e) avec quelqu'un ? Si oui, attendais-tu de la bienveillance de sa part en retour ?*

....

....

♥ *Penses-tu que bienveillance rime avec altruisme ? Explique pourquoi.*

....

....

....

....

....

....

....

....

♥ *Est-ce que tu as déjà éprouvé de la gratitude envers toi en affrontant tes peurs ?*

♥ *Liste cinq choses que tu as faites pour toi et qui représentent à tes yeux de la bienveillance :*

♥ ***Liste cinq moments où tu n'as pas été bienveillant(e) envers toi :***

♥ *Quel a été le moment où tu t'es senti(e) le plus vulnérable dans ta vie ?*

♥ *Qu'en retiens-tu de positif ?*

Va parler à la personne de ton choix en lui témoignant le plus de bienveillance possible et sans rien attendre en retour. Explique ici, ce que tu as ressenti.

La bienveillance en quelques mots

estime

clarté

gratitude

beauté

douceur

Conclusion

Voilà, j'ai écrit un livre. Putain, j'ai écrit un livre. Je n'imaginais pas à quel point ça pourrait me chambouler, et combien ça allait remuer des choses en moi. Pour être sincère, je ne pensais pas autant parler de moi, me livrer et me dévoiler à vous tous. Durant ce long travail d'écriture, j'ai compris beaucoup de choses que je n'osais pas voir, affronter, évidemment par peur… Mais là, je ne veux plus faire marche arrière.

Ça m'émeut tout ça… Vas-y j'assume ma vulnérabilité, y a quoi !?

J'aime imaginer que ce livre circulera peut-être entre tes mains et celles de tes proches. Que tu surligneras des passages qui t'ont plu ou marqué. Que tu feras de ce livre un carnet d'exercices, corné de partout, un livre rempli de vie !

J'espère avoir pu t'apporter quelques petites éclaircies, quelques réflexions qui te feront avancer dans ta belle vie. Que tu trouveras, je te le souhaite si fort, l'amour profond et le respect pour toi-même. Je ne fais que me répéter, il est vrai que le chemin est long, mais il en vaut tellement, putain, il en vaut tellement la peine. Alors vas-y, fonce !

« Fais ce que t'aimes,
Vis ce que t'aimes,
Va jusqu'au bout de ce que t'aimes,
Quoi que tu craignes,
Quelles que soient les conséquences,
Dédaigne jamais les gens,
Jamais les cons,
Jamais,
Même si c'est tentant. »

Ben Mazué

Je n'ai pas envie de remercier uniquement les personnes qui ont permis à ce livre d'exister. J'ai envie de remercier les gens qui sont, pour certains, là depuis toujours, d'autres depuis pas si longtemps. Je n'ai jamais eu suffisamment de courage pour leur dire « merci ». Certainement par peur qu'on me trouve ridicule ou trop niaise. Mais ici, je me suis dévoilée, ouverte à vous et à moi. Je me dois de sauter le pas et d'arrêter d'avoir peur de tout.

•••

Ella, mon amie que j'aime inconditionnellement depuis vingt ans. Merci si fort. Merci pour ton écoute, ton intelligence, tes réflexions qui me font tant avancer. Merci pour ta bienveillance, ton courage si puissant, ton regard sur le monde, pour ton implication et ta fidélité. Merci pour ton écoute dont je ne pourrai plus jamais me passer. Merci pour ton humour qui me fait tant rire, pour l'amour si profond que tu as pour tes proches, pour ta curiosité, ta créativité. Merci pour tout ce que tu es, dans ton entièreté. Je t'aime très fort.

•••

Mon amoureux, merci de m'avoir fait entrer dans ta vie depuis presque trois ans et de partager la mienne. On a mis du temps à réaliser que nous deux c'était possible, mais quelle belle réalisation nous avons faite. Ça va te paraître con, mais depuis que l'on est ensemble, ma vie a beaucoup plus de sens et de projets que je m'imaginais. Que je nous imaginais. Alors merci pour ton soutien inégalable et ton regard si bienveillant. Merci pour ta gentillesse si profonde, pour ta générosité sans pareil, pour ton amour des choses simples et ta fragilité qui m'émeut à chaque instant. Merci pour la main que tu me tends à la moindre chute, merci pour ton ouverture d'esprit, pour le travail que tu mènes pour toi et pour nous. Merci pour ton implication dans mes projets et ton inspiration quand la mienne est absente. Merci mon amour, d'être là, simplement là, et de me laisser t'aimer.

•••

Mes parents, malgré nos différends qui parfois l'emportent sur le reste, je vous aime tant. Ici, je me suis livrée sans honte et sans crainte du jugement. Les quelques fois où j'appréhendais vos retours sur ce livre, je savais qu'au fond de moi, vous l'accueilleriez avec beaucoup d'amour. Vous avez toujours su m'accompagner dans mes différents projets et mes choix. Alors merci, un immense merci que rien ne pourra égaler. Votre confiance, votre amour, votre écoute si présente, vos conseils en tout genre et votre soutien sans faille. Merci d'avoir participé à ce que je suis aujourd'hui. Merci pour votre éducation, pas parfaite, mais au moins vous l'avez faite. Merci pour tout.

•••

Merci de m'avoir foutu des putains de claques dans la gueule, que j'ai méritées pour certaines. Merci de m'avoir poussé à sortir de ma zone de confort, dans laquelle je m'engloutissais tout doucement. Sans vous, rien n'aurait été possible, du moins, pas comme ça. Merci de m'avoir invité à écouter mon instinct plus souvent et de lui faire confiance, merci pour vos éclats de conscience et pour vos souvenirs qui m'ont menée à écrire ce livre. Merci à vous, mes expériences.

•••

Depuis que Coucou les Girls existe, ma vie et ma vision du monde se sont beaucoup développées, et c'est en partie grâce à toi. En trois ans, tu m'as ouvert les yeux sur des sujets qui te touchent ou qui te choquent, sur des centres d'intérêt qui sont devenus communs. Mes vidéos je les pense d'abord pour toi, ce livre je le pense d'abord pour toi, toujours en espérant que ça puisse te plaire et te parler. Ça me fait du bien de passer au second plan de temps en temps, et de ne plus toujours être mon « centre » de pensées. Toi, qu'on appelle plus communément communauté, abonnés, « k », followers. Ça ne m'a jamais plu parce que ça dénature ton existence et je préfère imaginer m'adresser à toi directement plutôt qu'à la masse. Alors encore une fois, merci pour ta présence, pour tes messages de soutien, pour ton encouragement au quotidien. Sans toi, Coucou les Girls aurait été de courte durée.

•••

Ce livre, je ne voulais pas le faire seule, j'avais envie d'y voir aussi les mots de mes amis, et ceux de personnes que je connais moins. Parce que ça fait aussi partie de moi : partager des expériences et des ressentis dans lesquels on se retrouve tous plus ou moins. Parce que j'aime lire et écouter les gens qui partagent leurs failles et leur courage. Comme une sorte d'échange d'émotions qui est mis à disposition de ceux qui le souhaitent.

•••

Merci mon amie Hélène pour ton courage, ta force exemplaire et ton amour dévoué. Je t'aime pour toujours.

•••

Merci ma Gaëlle pour ta sincérité, ta générosité et ta liberté. Si belle personne que tu es. Un petit partage qui s'ajoute à notre liste qui, je l'espère, s'annonce longue.

•••

Merci Thomas d'être celui que tu es devenu. Merci pour ton intelligence et ta bienveillance. Tellement d'amour pour toi.

Fabrice, merci pour tes mots. Merci pour ce que tu fais au quotidien pour aider les femmes à se sentir mieux avec elles-mêmes. Merci si fort pour ça.

•••

Merci Leslye de t'être ouverte à nous. Merci à toi d'être toi. Je suis sûre que t'es une meuf géniale et qui déchire. Merci pour ta confiance.

•••

Juliette, merci pour ton partage qui, je n'en doute pas, fera beaucoup de bien.

•••

Mon Élodie, si belle Élodie, tu sais comme je t'aime. Merci pour ton écoute, merci pour tes mots, pour ce que tu es, pleine d'amour.

•••

Putain j'ai écrit un livre. Un livre ! Tu te rends compte ?!

Tu sais que je ne l'aurais jamais fait sans toi. Sans toi, je n'aurais pas eu envie, je crois. Alexia, si belle personne, si douce, si combattante, si impliquée. Je suis admirative devant tant de professionnalisme et de talent. Merci de m'avoir poussée à faire ce livre, et avec toi. Merci pour ces longs moments de travail, côte à côte, main dans la main. On l'a fait, meuf !

•••

Merci Laurence pour ton œil si bienveillant, rempli de vulnérabilité qui font de tes photos des chefs-d'œuvre. Avec toi, je ne doute jamais et ma confiance est aveugle quant à la direction photographique que tu me donnes. Merci pour ton romantisme et ta douceur exacerbée. Merci pour ces si belles photos.

Merci Margot pour tes doigts de fée et ta patience. Merci pour ton talent de maquilleuse.

•••

Merci à M.A.C, et plus particulièrement à Charlotte, qui a mis à disposition des rouges à lèvres, ceux que je porte depuis toujours, pour en faire notre référence pour ce livre. D'ailleurs le tout premier « T'es Bonne Bébé » a été fait au rouge à lèvres M.A.C, et ça, c'est pas rien !

•••

Bien évidemment, merci à ma maison d'édition First, sans qui les choses auraient été bien plus difficiles. Merci à Mathilde pour ta patience et ton regard si doux. Merci à Marie-Anne, Aline, Laure, Marion, et à toute l'équipe qui a travaillé dur sur cet ouvrage. Immense merci à vous ! Vraiment. Merci.

•••

Et toi, t'as envie de dire merci à qui ?

Composition et mise en pages
Nord Compo à Villeneuve-d'Ascq
Imprimé en France en mai 2020 par Clerc